もういちど読む
山川倫理 PLUS
日本の思想 編
Kotera Satoshi
小寺 聡

山川出版社

はじめに

　本書は『もういちど読む山川倫理PLUS　人生の風景編』に続く「日本の思想編」です。古代から現代までの日本の先人の思想からその人生観・倫理観・宗教観を深くみつめ、それを道しるべにして私たちの生き方を考えたものです。日本の思想史に登場する先人たちも、私たちと同じように人生に悩み、迷いながらいかに生きるかを考えてきたことでしょう。だからこそ、そのような先人の思想は〈答え〉ではなく、「私たちはこのように生きました、あなたたちはどう生きますか」という、先人から現代に生きる私たちへの〈問いかけ〉として受けとるべきものと思います。その〈問いかけ〉に答えるために、本書は日本の先人たちの思想と対話し、彼らの声に耳を傾けながら、私たちの生きるヒントを探りました。過去の先人の人生において試みられたことは、現代の私たちが学ぶことによって、未来を生きる試みの道しるべとなるのではないでしょうか。

　「目つむりて　いても吾を統ぶ　五月の鷹」、歌人・劇作家の寺山修司のこの句は、私が大学生の頃に演劇に打ち込む友人が教えてくれた思い出があります。光に満ちた春の野に横になって目をつむっても、心のなかに吾を統べる、導く五月の鷹がみえます。私たちは心に仰ぎみたこの鷹に導かれて、人生への憧れ・不安・戸惑いの交錯するなかを、どこへ歩み、今、どの地点に立ち、どこへ向かうのでしょうか。ときにはこのような問いかけに耳を傾け、自己がこの世に〈ある〉ことと向き合ってみてはどうでしょうか。今、私たちにみずからを統べる五月の鷹のゆくえはみえているでしょうか。

　日本の先人たちもそれぞれの時代のなかで、五月の鷹に導かれて、人としていかに〈ある〉かを考えてきたことでしょう。本書が先人の思索の歩みの軌跡をたどり、彼らと対話しながら、現代の私たちの生き方をみつめる機会になれば幸いです。

目次 西田幾多郎・夏目漱石・森鷗外・宮澤賢治は
『もういちど読む山川倫理PLUS　人生の風景編』に収録されています。

はじめに　i　　　　目次　ii

第Ⅰ部　古代・中世の思想

1　和をもって貴しとなす　聖徳太子　　2
2　見るべきほどのことをば見つ　平知盛（『平家物語』）　　10
3　生きながら六道を見てさぶらふ　建礼門院徳子（『平家物語』）　　18
4　悲しきかな、いかがせん　法然　　26
5　善人なをもて往生をとぐ、いはんや悪人をや　親鸞　　36
6　山河大地心は、山河大地のみなり　道元　　46
7　この土を捨てて何れの土を願ふべきや　日蓮　　56
8　世はさだめなきこそ、いみじけれ　兼好法師　　66

第Ⅱ部　近世の思想

9　身をはなれて孝なく、孝をはなれて身なし　中江藤樹　　78
10　我よく人を愛すれば、人また我を愛す　伊藤仁斎　　88
11　人の道は必ず億万人を合していうなり　荻生徂徠　　96
12　穀物の精は人間、宇宙の精は穀物である　安藤昌益　　106
13　もののあはれの花を咲かせん　本居宣長　　114

第Ⅲ部　近代・現代の思想

14　独立とは自分にて自分の身を支配し
　　他によりすがる心なきを言う　福沢諭吉　　124
15　わが日本、古より今にいたるまで哲学なし　中江兆民　　132
16　自分のようなものでも、どうかして生きたい　島崎藤村　　140
17　自分を熱愛し、自分を大切にせよ　志賀直哉　　150
18　魂になってもなお生涯の地に留まる　柳田国男　　160
19　人間とは「世の中」であるとともに
　　その世の中における「人」である　和辻哲郎　　170
20　物的世界像から事的世界観へ　廣松渉　　178

おわりに　188　　　　註　189

第I部
古代・中世の思想

上：阿弥陀聖衆来迎図
下：大原御幸（下村観山筆）

1

和をもって貴しとなす

聖徳太子

日本人の好きな言葉

　かつて日本人の好きな言葉をたずねると、多くの人が「和」とこたえたそうです。和は調和・平和ですから、争いやいさかいがなく、みんなが心をなごませて、仲良く協調することを意味するのでしょう。私も社会人になった時、先輩から最初に「職場では和が大事だからね」と、チームワークの大切さを教えられた思い出があります。しかし、だまって他人や上司に従順にしていれば争いは避けられるでしょうが、それでは和とはいえないでしょう。逆に強い立場をかさにきて威圧的な言動でまわりをだまらせるのも、もちろん和ではありません。また、波風を立てないようにいうべきことをいわずに議論を避ける、ことなかれ主義も和ではないでしょう。本当の和とは、どのようなものでしょうか。

　和は、長い年月をかけて醸成された日本人の道徳の伝統です。私たちは社会生活のなかで和の道徳を自然に身につけ、それを自明のこととして行動しています。聖徳太子の作と伝えられる『憲法十七条』の第1条で、「和をもって貴しとなす」と説かれていることはよく知られています。しかし、その和の中身について説かれたほかの条文は、意外と読まれていません。ここでは『憲法十七条』の条文を読み、日本人の伝統的な倫理を振り返って、和とは何かについて向きあいたいと思います。

聖徳太子と『憲法十七条』

　『憲法十七条』の作者や制作年代には諸説ありますが、7世紀の初め、聖徳太子の作と伝えられています。聖徳太子はのちの世の尊称で、近年

では厩戸皇子（厩戸王）と呼ばれることが多いようです。『憲法十七条』は近代国家の基本法としての憲法とは異なり、国家の役人の心構えを訓示したものとされます。その内容には、当時日本に伝来した先端の外来思想であった儒教や仏教の教えが取り入れられています。

　儒教と仏教は6世紀に中国・朝鮮半島を経て伝来しましたが、その経典は漢文ですから、当時は高度な知識と教養を備えたごく一部の人にしか理解できないものでした。そのような外来思想を積極的に吸収・消化しようとつとめた先人によって、その教えが日本人に親しみやすい形にかえられ、長い年月をかけて日本人の心に根をおろして生き方の伝統になってきました。そのような儒教と仏教を取り入れ、役人の行動の指針を示したものが『憲法十七条』です。

和と同

　第1条に「和をもって貴しとし、忤うことなきを宗とせよ」、和を尊び、むやみに人に逆らうことのないように心得よと説かれます。冒頭に和をもってきたことには、この憲法の強いメッセージが込められています。これは『論語』の「君子は和して同ぜず」（子路篇）、徳を備えた人格者は人と和するが、同ずることはないという教えをふまえたものと思われます。「和」も「同」も全体が1つにまとまることですが、どこが違うのでしょうか。

　音楽の場面で考えてみます。和音とはいくつかの異なる音が集まって調和し、豊かな響きをつくりだすことです。同じ音を集めても、和音のハーモニーにはなりません。一方で、演奏の初めには音あわせ、チューニングをし、基準になる高さの音程にすべての楽器が同調します。演奏ではどちらも大事なことですが、私たちは音楽会で豊かで美しい和音の響きを楽しむのであって、チューニングをきくわけではありません。

　人間関係も同じです。だれかがくだした決定にみんながぴったりと歩調をあわせて、一糸乱れずに行動することは「同」です。「同」が必要な場面もありますが、それだけでは一人の意見が通るだけ、その意見が正しいかどうか、よりよい意見があるのではないかという吟味はなされ

1　聖徳太子　　3

ないままです。そこでみんなが意見を出しあって議論し、そこから生まれた結論のもとに力をあわせる「和」が形成されます。

第1条の後半では「上の立場の者もやわらぎ、下の立場の者も睦みあって議論することができれば、事柄は正しい道理におのずからかなうものである。そうすれば何事でも成し遂げることができる」と説かれます。人々が立場の違いをこえてたがいになごやかに、率直に、かつ真剣に議論すれば、「事理おのずから通ず」、事柄の正しい筋道である道理にかない、「何事か成さざらん」、何事も成しとげることができます。和は議論して見出した道理に従って、みんなが力をあわせることなのです。

協力のモチベーション

この憲法がつくられた頃、ヤマト政権は統一国家の建設に向かっていました。もちろん当時は民主国家ではありませんから、それは大王や豪族などの権力者とそれに仕える者たちが中心になることだったでしょうが、それでも彼らが力をあわせなければ国作りはできません。そこで、どうすれば人は力をあわすことができるかを考えたのでしょう。

みんなが率直に議論をして見出した道理に従う時、それに従って協力しようという意欲が生まれます。その道理は自分たちが徹底的な議論を通してみつけたものだけに最善のものであろうという信頼が、協力のモチベーションを高めます。また、そこには話し合いの当事者として、自分たちのくだした判断への責任感もともないます。

だれかが一方的にいいだした道理ならば、陰で不満や異論がくすぶって、みんなが納得して協力することは難しいでしょう。みんなが和をもって力を発揮できるのは、自分たちで議論をして見出した道理に従う時なのです。これは現代の社会にも通じることでしょう。

協調性の幻想

正しい道理のもとにみんなが力をあわせてこそ、和は価値のある活力に満ちたものになります。しかし、日本の社会には道理を不問にふし、ただその場が丸くおさまればよしとする風潮がないでしょうか。私たち

4　第Ⅰ部　古代・中世の思想

は全体の動向にだまって従う形骸化した「和」、すなわち道理なき付和雷同を「和」と取り違えていないでしょうか。

　周囲に波風を立てないために、私たちは何もいわずに沈黙を守ることがあります。そこには、ただ全体がまとまることだけを強迫的に求める心理が働いています。そのような心理をある人は協調性の幻想と呼んでいました。集団がまとまることそのものに道徳的価値があると思うのは、幻想にすぎません。悪人たちも足並みをそろえて悪事をなしますから、まとまること自体には道徳的価値はないのです。正しい道理のもとに協力してこそ、和は価値あるものになります。私たちは和を貴ぶあまり協調性の幻想にとらわれて、いつのまにか真摯な議論を通して道理をみつけることを忘れていないでしょうか。強い立場の人にだまって追随したり、まわりはこう思っているだろうと空気を読んで、だれのものでもないアノニム（匿名）な意見に任せる無責任体質におちいることがあります。

　そのような疑似的な和に流される日本人の弱点が、集団の重苦しい同調圧力を生み、社会の改革や進歩をさまたげます。もちろんそのような風潮を反省し、真摯にかつ率直に議論できる風通しのよい空間をつくろうとする動きもあります。

「なにもしないこと」

　私たちはみずからの保身のために、議論を避けて沈黙を守ることもあります。城山三郎の小説『官僚たちの夏』のモデルになった通産官僚の佐橋滋は、日本が戦後の復興から経済成長に向かう時代に、「官僚は国に仕えるが、政治家に仕えるわけではない」と政治家に臆することなく発言し、産業振興に腕をふるいました。

　「僕にいわせると、なにもしないことはなにもしないのではなくて、悪いことをしているのだ……やるべき時にやらないのは悪いことをしているのだというふうに理解すべきだと思う」と佐橋はいいます。人は組織のなかで何か発言して批判を受けるよりは、だまって無難にやりすごそうと保身にまわります。しかし、何もしないこと、いわないことは社会や組織の問題や不正を放置することです。佐橋は、「無難に無難にと

心がけているような人物にはたいした仕事は任されないと思う」といい、議論をする時は立場にこだわらず、「提起されている問題を問題として解決しなければなんにもならない」「堂々と批判を受くべきときは受け、攻撃されるべきは攻撃されて、問題を煮つめていかねばならぬ」といいます。いえばたたかれるが、いわねば無為無策の悪になるならば、発言して大いに議論し、ともによい方向へと向かう道を探ろうと思うべきではないでしょうか。

　古代の先人は、『憲法十七条』で「上の者も下の者もともに議論して道理を見出せ」と説きました。できるならばなごやかに、しかし、いざとなればたたかれる覚悟をもってでも真剣に議論することによって、正しい道理に従う本物の和が実現します。そして、議論が終わればさっぱり「恨みっこなし」、これが本物の和でしょう。

凡夫の自覚

　私が高校生の頃、ある先生が１人のすぐれた指導者が全体を統率する方が効率的でよい、みんなで議論に時間をかける民主主義はやむをえない次善の策であるといいました。私は何かおかしいと首をかしげましたが、これは民主主義を自明のことと思い込んでいる生徒たちに、議論することの理由を考えさせるために、あえて投げかけた言葉だったのでしょう。私たちが時間をかけて議論をする理由は何でしょうか。

　第10条はこのように説きます。「心のなかの怒りを断ち、顔に出る怒りを捨て、他人が自分の考えと違ってさからっても怒ってはならない。人はみなそれぞれに心があり、心はそれぞれ執着するところがある。他人が是とすれば自分はそれを非とし、自分が是とすれば他人は非とする。私が必ずしも聖人ではない。他人が必ずしも愚か者でもない。ともにみな凡夫であるだけだ。是非のことわりを、自分一人で定めることができようか。ともに賢くもあり愚かでもあるのは、丸い耳輪のように端がなく１つにつながっている。だから他人が怒ったとしても、かえって自分に誤りがあるのではないかと心配せよ。自分一人が正しいと思っても、みんなの意見を尊重して協調して行動せよ」。そのまま現代人に語りか

ける言葉のようです。

　凡夫とは、仏教では煩悩にとらわれた人間を指します。煩悩にとらわれた平凡な人間が、自分一人で絶対に正しいことを見きわめられるなどと思い上がってはならないというのです。人はだれでも正しい時もあれば誤る時もあり、そのような「ともにこれ凡夫のみ」という自覚をもって、他者の意見にも耳を傾け、たがいに意見をまじえて議論し、ともに納得できる道理をみつけるべきなのです。一人ひとりは凡夫にすぎない人間が集まって議論をすれば道理を見出すことができる、これが話しあいの存在理由です。全知全能の神には議論は必要ないでしょう。

誤りは訂正されうる

　19世紀のイギリスの思想家 J.S.ミルが、『自由論』で同様のことを説いています。ミルは当時のイギリス社会で女性の参政権や普通選挙の実現を訴え、だれもが平等な立場で自由に発言できる議会制民主主義の発展につくしました。

　ミルは、言論や思想の自由がなぜ必要なのかをこう説明します。反対意見に耳を傾けることを拒み、「討論を沈黙させることはすべて、無誤謬性を仮定することである」。しかし、人はいつでも誤りをおかしうる可謬的な存在です。人間は誤りをおかしうる存在であることをわきまえてこそ、多くの人と自由に意見をかわして議論する必要がわかります。

　ミルは人類の考え方が進歩してきた理由は、「知的存在としての、また道徳的存在としての人間の中にある尊敬に値するすべてのものの源泉、すなわち彼の誤謬が訂正されうるということである」と説きます。人間はみずからの誤謬を議論によって訂正することができます。多くの人と議論をして自分の意見を吟味し、修正し、改善することが、その意見が信用できる唯一の合理的な理由です。「ある人の判断が、本当に信頼に値するとした場合、どうしてそれはそうなったのだろうか。彼が、彼の意見や行為への批判にいつでも心を開いていたからである」。

　議論を通してつねに自分に対する反対意見に耳を傾け、その正しい部分からは利益を得て、その誤りについてはなぜ誤っているかを相手に説

明し、つねにみずからの意見を改善する習慣をもつことが、その意見が信頼できる合理的な根拠です。「自分自身の意見を、他人の意見と対照することによって訂正し完全にするという着実な習慣は……それに正当な信頼をおくための唯一のたしかな根拠となるのである」。他人の意見に耳を貸そうとしない独断家や独裁者の一方的な意見は、信用度の低いものです。自分が誤りをおかしうる凡夫である自覚をもっている人は、他者の声に耳を傾けて議論することをいとわないでしょう。

「問答無用」

　古い話になりますが、昭和7（1932）年の青年将校たちの反乱事件である五・一五事件で、強硬派の青年将校が総理官邸に乱入し、「話せばわかる」という犬養毅総理大臣に、「問答無用」といって発砲しました。この「問答無用」という議論を否定する流れが日本をおおい、やがて軍部の独走に政府も国民もおしだまり、さらには軍部自身もみずからに歯止めをかけることができず、破滅的な戦争へと日本を向かわせます。

　しかし、敗戦によって日本が民主国家として再出発するや、この戦争の責任をだれもとろうとしません。軍部の中枢にいた人でさえ開戦の勢いには逆らえなかった、「みんな」がやりだした戦争を今さらやめろとはいえなかった、と言い訳します。その「みんな」とはだれのことなのでしょうか？　政治学者の丸山真男は『超国家主義の論理と心理』で、このような日本人の無責任体質を指摘しました。だれもみずからが主体となって議論できない社会が、だれも当事者となって責任をとろうとしないアノニム（匿名）な無責任の体質を生み出します。問答無用の圧力のもとに議論を恐れて形骸化した和が、責任を負う主体なき全体主義となって人々を飲み込み、破滅的な戦争への歯止めを失ったのです。

　国家の運命を決める重大な事柄を、地位や立場、面子や利権にこだわらず、国民を含めて真摯に議論をしていれば、あの破滅的な戦争の歴史もかわったのではないでしょうか。あのような多大な犠牲が出る前に、講和を結ぶことができたかもしれません。

　このようなことは現代において職場や学校などの組織で問題や不祥

事があっても、みんなが口をつぐむ無責任体質に通じます。かつての問答無用の無言の同調圧力が、今も亡霊のように日本社会に残っていないでしょうか。

本物の和をつくる

　最後の第17条は、つぎのように締めくくられます。「重大な事柄は一人で決めてはならない、必ずみんなとともによろしく議論するべきである。小さなことはたいしたことはないから、必ずしもみんなと議論するにはおよばない。しかし、大きなことを議論する時には、誤っているかもしれないという疑いがある。だから、みんなとともに議論をして是非を判断すれば、事柄は正しい道理にかなうようになるものだ」。

　みんなで議論をして道理を見出すことの大切さを再確認して、『憲法十七条』は終わります。当時の国家の運営をになった役人の心得を、現代の主権者としてのすべての国民の心得として、また職場・学校・家庭などの社会集団のメンバーとしての心得としても読むこともできると思います。率直に意見をかわす議論に時間と労力をかけるほど、そこから生み出された和は活力に満ちたものになります。日本の社会で、対話を通して多くの人々の知恵と活力を合体させる本物の和の伝統をつくり、それを平和のメッセージとして国際社会に発信していきたいものです。

思想の風景

聖徳太子　　和と話しあいの精神

様々な音が集まって和音の響きになるように、「和」は様々な意見をかわして議論することを通して見出された正しい道理のもとに、みんなが力をあわせて「調和」することです。それは話し合いにもとづくものですから、「平和」を志向するものでもあります。このような「和」こそ、尊ぶに値するものです。それは一部の権力者が話し合いを拒否し、力で全体をたばねて同一化する「同」とは次元の異なるものです。和は話し合いの精神にもとづく調和・平和として、ロゴス（言葉・理性）をもつ私たち人間にふさわしい社会の統合の理念ではないでしょうか。

$\blacktriangledown$
2

見るべきほどのことをば見つ

平知盛

（『平家物語』）

『子午線の祀り』

　古典の『平家物語』を群読という手法で描いた、木下順二の『子午線の祀り』という作品があります。子午線とは北極点から天頂をよぎり南極点へと走る大円のラインです。『子午線の祀り』では、壇ノ浦（山口県下関市）で源平の戦が始まろうとしている朝、天空の子午線を月が横ぎります。その月の引力に引っ張られて内海の海面が上昇し、やがて潮流が外海へと逆流しはじめます。その瞬間が、戦いの勝敗をわける分岐点になったと語られます。

> 　**語り手A**　東経130度58分、北緯33度58分の関門海峡の上にひろがる
> 　　天球を、グレゴリオ暦1185年5月2日の午前7時、月齢23.7日の
> 　　下弦の月が、南中時約70度の高さ、角速度毎時14度30分で東から
> 　　西へ移動して行った約三時間後、この海峡の満潮時は始まり、や
> 　　がて13時、潮はおもむろに西へ走り始めている。……
> 　**知盛**　潮が、潮が西へ変り始めた！　潮が西へ走り始めた！
> 　　　　　　　　　　　　　　　　　　　　　　　　　1

　戦いの始め、平家は外海から内海に流れ込み、東へと走る激しい潮の流れに乗って攻勢に出ます。しかし、やがて満潮になった内海からこんどは外海へと潮流が西に逆流しはじめます。これを境として源氏が攻勢に出ます。その潮の変わり目をみて、平知盛は平家の滅亡の運命を覚悟するのです。はるかな天空のかなたで子午線を渡った月の動きが、地上で戦う人間たちの運命をわけたと、『子午線の祀り』では物語られます。

10　第Ⅰ部　古代・中世の思想

史実と物語

　このように潮流の変化が壇ノ浦の戦いの勝敗をわけたという考えには、異論もあります。数百隻の船が戦う広さのある海域では、潮流の速さは勝敗を決するほどには速くなかったという説や、海流と逆の方向に弧を描くように発生する還流に、平家の船が流されたという説などです。

　『平家物語』ではどのように語られているのでしょうか。戦いが始まった朝、「壇ノ浦の海峡にみなぎって内海へと流れ込む落潮なので、源氏の船は潮流に引かれて心ならずおし返される。平家の船は潮流に乗って進んだ」と語られます。はじめは内海へと流れ込む潮流に乗って平家が有利に戦いますが、やがてイルカの大群が平家の舟に向かって泳いできます。それを平家の大将平宗盛が陰陽師に占わせると、イルカがそのままこちらに向かってくれば凶と出ます。イルカはそのまま平家の船団を通り抜けます。イルカは逆流しはじめた潮流に乗って泳いできたのでしょう。そこから源氏が一気に攻め進んで勝敗が決します。このような潮流の変化をみた西国の援軍が、平家に勝機なしとみて源氏に寝返ったことが勝敗に影響したという説もあります。

　いずれにしても『平家物語』は当時の伝聞や資料にもとづきながらも、琵琶法師が人々に語りきかせた「語りもの」です。そこには語り伝えた人の様々な創意・詩情・願い・祈りが込められ、今も異なる系統のテキストが多く伝わっています。ここでは歴史の「事実」を題材にしつつも、それを「物語」として語った人々がそこに込めた願いや祈りはどのようなものなのかという、その「事実」をみたいと思います。

壇ノ浦の戦い

　平知盛は父清盛の四男として生まれました。中納言の位に進み、宮中で華やかな青春を送りますが、やがて平家は東国で決起した源氏の軍勢におされて都落ちし、壇ノ浦の海で最期の決戦を迎えます。知盛は優柔不断で戦に不向きな兄宗盛にかわって、陣頭に立って軍勢を率います。

　戦いの朝、知盛は舟の先に立って「戦いは今日限りなり。おのおの一歩たりとも退く心があってはならぬ。並びなき勇者といえども、運命が

つきてしまえば力はおよばない。しかしながら、源氏の者どもに弱気を
みせるな。今こそ命を惜しむべき時ではない。これのみが知盛の思うと
ころだ」といい放ちます。ここには平家の滅亡の運命を覚悟しながらも、
誇りをもって最後まで戦い抜こうとする知盛の覚悟がうかがえます。

　戦いの始めは平家に有利でしたが、潮流の流れも影響したのでしょう
か、西国の援軍が源氏に寝返り、こぎ手を射られて平家の舟は進路をう
しない、戦況は絶望的になります。それをみた知盛は幼い安徳天皇、そ
の母で知盛の妹の建礼門院徳子、母親の二位尼時子を乗せた御座船に渡
ります。そして、源氏の手に落ちた時に備えて、見苦しいものを海に捨
てさせます。不安がる女御たちに、知盛は「今日よりのちはめずらしき
東男をごらんになることになりましょう」と笑いとばします。

　やがて覚悟を決めた二位尼は、幼い安徳天皇をだいて「極楽浄土とい
うすばらしい国におつれいたします」、テキストによっては「波の下に
も都のさぶらうぞ」、海の底にも美しい都がございますといい、幼帝と
共に海に身を沈めます。女御たちの悲鳴が上がるなかで、建礼門院徳子
や女官たちもあとに続きます。

　一方、平教経は源氏の大将義経との一騎打ちをのぞみ、舟から舟へと
乗り移って敵を切りまくります。それをみた知盛が、「無益な罪つくり
の殺生はしなさるな」とさとします。武士は仏教で禁じられた殺生をお
のれの宿命としますが、戦の場でも勝敗のみえた今となっては無益な殺
生はひかえよというのです。義経を逃した教経はここが最期と覚悟し、
２人の源氏がたの武士を左右の脇にかかえ、「死出の旅の供をせよ」と
いって海に飛び込みます。

　これらをすべて見届けた知盛は、「見るべきほどのことをば見つ。今
はただ自害せん」、みるべきものはみ終わった、今はもう自害するだけだ、
といいます。別のテキストでは、「今は見るべきことは見はてつ。あり
とてもなにかせん」、今はみるべきことはすべて見届けた、生きていて
も何になろう、といいます。すると従者が「日頃の主従の約束に背きま
せんぞ」といって、知盛に海に沈むおもりになるよう鎧を二領着せ、自
分も二領着て２人で手を取り組み海に飛び込みます。それをみて、いつ

12　第Ⅰ部　古代・中世の思想

も最期は「一所に」と誓っていた武士たちも、手を取り組みあって飛び込みます。

　西に日が傾き、海上には嵐に散った真っ赤なもみじのように、平家の赤旗、赤印がかなぐり捨てられて浮いています。人のいないむなしい船は風に任せて、どこへともなくゆられてただよっていきます。このような情景で壇ノ浦の平家滅亡の場面は幕をおろします。

「見るべきほどのことをば見つ」

　「見るべきほどのことをば見つ」という知盛の言葉には、どのような思いが込められているのでしょうか。「見るべき」の「べき」は義務や当為、あるいは可能をあらわしますから、自分が当然みるべきこと、みなければならぬこと、また、みることができることという意味です。「見つ」の「つ」は完了をあらわし、それらをすべて見尽くした、見終わったということです。知盛は自分がみるべきこと、みることができることをすべて残りなく見届けたから、もうこの世に未練はない、このうえ生きていても何になるかと語るのです。

　知盛が見届けたものとは何でしょうか。まずは平家を率いた武将として、戦いの勝敗のゆくえを見届けたことでしょう。あらゆる手をつくして全力で戦い、そして敗れたことに思い残すことはないのです。潮流の変化も、天の与えた運命として受け入れたかもしれません。さらに幼い安徳天皇をはじめ平家一門の最期を見届け、そこに平家の終焉をみたのです。さらにはその平家の武将として生まれ、壇ノ浦で34年の人生を終えるみずからの運命を見届けたという思いも込められているでしょう。

　死を覚悟するということは、生きて再びこの世に戻ることはないと覚悟することです。死後の世界のことはわからないまでも、この世における人の生は一回限りのもの、まさしく一生です。だから、この世に対する未練を捨て去ってこそ決然と死の覚悟ができるのでしょう。この戦ですべてをやりつくし、見届けた知盛には、もうこの世に思い残すことはないのです。御座船でみせたように知盛は笑って最期を迎えられるほどに、この戦いに、そして人生に力を出しつくしてもう未練はないのです。

勝敗は時の運で思うに任せないものですが、どのような結果であれ、やるべきことをやりつくしたという思いがあれば、その結果は納得して受け入れることができるものです。みずからの人生を徹底して生き切ったという思いで最期を迎えられれば、それは納得のいくよい人生ではないでしょうか。実際の知盛の思いは千年昔の海の底に消え、今は知るよしもありません。しかし、「物語」は語り手の思いとともに、それを読む者の思いも入って「物語」として成立するものですから、知盛の最期にこのような思いを託して読むこともできるのではないでしょうか。

春の夜の夢

　人生は見果てぬ夢といわれるように、欲を出せば際限のないものです。兼好法師は『徒然草』で「飽かず、惜しと思はば、千年を過すとも、一夜の夢の心ちこそせめ」（第7段）、満足を知らずに欲張れば、たとえ千年といえども一夜の夢のように思われるだろうと語ります。

　人生を惜しめば千年といえども一夜の夢の心地がするならば、あくことを知らぬ人の千年も、壇ノ浦に散った知盛の34年の人生も、同じといえないでしょうか。人生を一夜の夢とみるならば、その夢をみつくすことは時間の長短にかかわらず、いかにその夢のような人生を濃密に生きたかという内実にかかっています。知盛は「春の夜の夢」のような無常の人生であるからこそ、それを覚悟して戦いの一瞬一瞬に全力をつくしたのでしょう。そこから「見るべきほどのことをば見つ」という言葉が、生まれたのではないでしょうか。無常であるがゆえに、今になすべきことに全力をつくす、これが無常の人生を納得して生きる道でしょう。

運命を愛する

　戦いの朝、知盛はどのような思いで「戦いは今日限りなり。運命がつきれば人の力はおよばない。しかし、最期まで弱気をみせずに戦え」と語ったのでしょうか。人生はただ自分の好きなように、自由奔放に生きればよいものでもないように思われます。人には与えられた運命があります。それぞれのおかれた時代や状況のなかでみずからの運命を受けと

めながら、そのなかで自分にできること、なすべきことに全力をつくすことが人生ではないでしょうか。運命に翻弄されるのではなく、それをみずからの運命として主体的に受けとめ、それを自分なりの努力と工夫で生き切るのです。

ドイツの思想家ニーチェは、「自分のあるところのものになれ」と運命愛を説きます。自分のおかれた状況から逃げるのではなく、それを自分が生きる事実として受け入れ、みずからの運命を生きる主体になるのです。平家滅亡の運命は、知盛一人の力ではいかんともしがたいものだったでしょう。しかし、知盛はその運命を正面から受けとめて、平家の武将として力の限り最期まで生き切ります。それは、知盛がみずからの運命を生きる主体になることです。そこから「戦いは今日限りなり、最期まで弱気をみせずに戦え」という言葉が生まれたのでしょう。

『戦艦大和の最期』

古来、日本の歴史において『平家物語』など多くの軍記が書かれました。そのなかに太平洋戦争の戦記『戦艦大和の最期』があります。著者の吉田満は学徒出陣をして、当時世界最大の戦艦大和の最期の出撃に乗り組みます。日本の敗戦の色濃くなった1945年4月、大和は沖縄への特攻作戦を命じられます。特攻とは生還を期すことのない作戦で、大和は沖縄を攻撃するアメリカ軍のまっただなかに突進して海岸に乗り上げ、砲弾を打ちつくして最期を迎える作戦だったとされます。

沖縄へと向かう途中、艦内の若い士官のあいだでけんかがおこります。無謀な特攻で自分たちが死ぬことに何の意味があるのかという学徒出身の予備士官たちと、それに反論する兵学校の出身者たちが口論になり、乱闘騒ぎにまでなったそうです。当時、戦争の主力はすでに航空機に移り、大和に象徴される大艦巨砲主義は時代遅れのものになっていました。若い士官のあいだでは、「世界ノ三馬鹿、無用ノ長物ノ見本——万里ノ長城、ピラミッド、大和」とさえいわれたと吉田は書いています。学徒出陣した士官は、学校で広い知識を学んでいただけに、敗北が目前にせまるなかでみずからの死の意味を問わざるをえなかったのでしょう。

その騒ぎの翌日、彼らの指導にあたっていた一人の若い士官がこうさとします。「進歩のない者は決して勝たない。負けて目覚めることが最上の道だ。日本は進歩といふことを軽んじ過ぎた……破れて目覚める。それ以外にどうして日本が救はれるか……俺たちはその先導になるのだ。日本の新生にさきがけて散る、まさに本望ぢやないか」。その言葉を聞き、全員がだまり込んだといいます。この時、この士官は21歳の若さでした。祖国の新生を祈りつつ敗戦という運命を覚悟して生きた若者の心からは、今日の私たちには想像できない重さが伝わってきます。

　大和は沖縄に向かう途中の海でアメリカ軍の航空機の攻撃を受け、大爆発をおこして3000名の乗組員とともに海底深く沈みます。吉田はそこから九死に一生を得て生還した一人です。あの若い士官の語った言葉に、「見るべきほどのことをば見つ」といった知盛の姿を重ねる時、死の運命を背負いながら生きた若者の覚悟の深さを思わざるをえません。

死の問いかけ

　吉田はこの出撃の時、艦内でスイスの著述家ヒルティの『幸福論』を読む青年がいたと書いています。「死自体は、なんら恐ろしいものではない。願わしくないものでさえない。ひどく死を恐れるのは、人生の正しい道を歩いていない人である。恐ろしいのは、死にのぞんで、自分の生涯が過った無益なものだったことを見る時……である……死によって滅びるのは我々ではない。滅びるのはこの世である」。吉田はこのようにヒルティの言葉を記しています。

　死は自分がいかに生きたかへの究極の問いかけであり、死を目前にして問われるのは、みずからが人として真実の生き方をしたかどうかということです。死の直前まで私が生きたという事実は、私にとっては滅びることはないものです。私から滅びさるのは世の中なのです。死は、死を迎えるまでに私がいかに生きたかを問うことなのです。

　私たちはここまでの死の覚悟はなかなかできないでしょうし、平和な世に生きることが望ましいことはいうまでもありません。しかし、私たちも生老病死のなかに生きる人間として、どこかで人生の無常を視野に

入れ、一回限りの人生を人として力をつくし、後悔のないように生きる覚悟をもつべきことは同じではないでしょうか。

人生の終着点の言葉

「死んで花実が咲くものか」ということわざがあります。枯れ木に花も実もつかないように、人も死んでしまえば何もできず、生きていればこそ人生の花も咲き、実もなるということです。私が子どもの頃、戦争の時代を体験した父がよく語った言葉です。生きていれば何かができる、苦難や挫折があろうとも、きっとよいことにもめぐりあえます。この言葉の裏には、人はいつかは死ぬものであることを忘れるなという響きがあるように感じます。だからこそ、生きている今に精進し、自分のやるべきこと、やりたいことを思う存分にやり切ろうという気持ちがわきあがるのです。知盛が戦にのぞむ必死の覚悟も、そのようなものだったのかもしれません。勝敗にかかわらず、知盛も最期まで花実の咲く生き方をつらぬいたのではないでしょうか。

「見るべきほどのことをば見つ」という知盛の言葉は、私たちが人生の終着点を迎える時の１つの目標となるものだと思います。私たちはこのような言葉を語れるほどに力をつくし人生を生き切り、愛し、それに感謝し、満足して一生を終えることができるでしょうか。

思想の風景

平知盛　　自分とは何かを見届ける

陶芸家の河井寛次郎は、「この世は自分を探しに来たところ、この世は自分を見に来たところ」と語っています。寛次郎にとって陶器をつくる仕事は、自分とは何かをみつめることであり、晩年はもはや名にこだわらず、作品に銘を入れなかったそうです。平知盛もまた「見るべきほどのことをば見つ」といって壇ノ浦の海に消えました。人間は自分とは何かをみるためにこの世に生まれ、それを見届けて世を去っていくものかもしれません。自分とは何かを見届けられれば、それは納得のいくよい人生といえるのではないでしょうか。

▼**3**

生きながら六道を見てさぶらふ

建礼門院徳子

（『平家物語』）

戦のなかの女たち

　戦は女性をも非情な運命に投げ込みます。『平家物語』には、戦で命を落とした武将たちの母や妻などの悲嘆と絶望が物語られます。そこには、わが子の安徳天皇を失った建礼門院徳子の慟哭の涙もあります。ここでは戦の運命に生きた女性の姿をみたいと思います。

　建礼門院徳子は平清盛を父、時子（二位尼）を母として生まれました。同母の兄には宗盛、知盛がいます。徳子は16歳で高倉天皇の中宮（皇后）になり、やがて幼い安徳天皇の母となって建礼門院と称されます。高倉天皇が退位して院（上皇）となったことにともない、中宮の徳子も女院となり、その院号が建礼門院です。平家が栄華をきわめた時代にあって管絃の楽が流れ、和歌がよまれる宮中で、徳子は多くの女官にかしずかれて華やかな青春を送ります。

　しかし、源平の戦いによってその運命は一転します。壇ノ浦で平家一門が海に沈んだ時、徳子もわが子安徳天皇を追って海に身を投げますが、源氏の船に引き上げられて京に戻されます。徳子は出家して都の北、山深い大原の寂光院の質素な庵で、安徳天皇と平家一門の菩提を弔って暮らします。このとき徳子は30歳ほどとされます。その人生は平氏の興亡という大きな運命のうねりのなかで、水に浮かぶ笹舟のように翻弄されます。平家滅亡ののち、建礼門院徳子はどのような人生を歩んだのでしょうか。

大原の祈りの生活

　『平家物語』の大原御幸の巻で、後白河法皇が山深い大原の寂光院の庵に徳子を訪れる場面が語られます。わびしい庵の屋根の杉板は朽ちて、すき間から月の光や、雨や露ももれるかと思われます。小さな部屋には仏像、幼い安徳天皇の肖像、経典がおかれているばかりです。やがて墨染の衣を身にまとい、仏に供える野花を入れた籠を手にさげた徳子が、仕える女房とともに帰ってきます。

　徳子は涙ながらにこのように語ります。「自分は悲しい運命に出あいましたが、これも一時の嘆きというもので、後世に悟りを開いて極楽往生する悦びと考えます。そして、今はひたすら平家一門の菩提を祈り、死に際して仏が来迎して浄土へと導いてくださることだけを願っています」。菩提とは仏の悟りのことですが、死んだ平家一門の人々とともに阿弥陀仏に救われて極楽浄土に往生し、そこで悟りを開いて成仏することを祈るのです。

　浄土への往生を願う浄土信仰は平安時代に広まり、『平家物語』がつくられた鎌倉時代の初めには、法然の念仏の教えが民衆に浸透していきます。浄土信仰ではこの世の苦しみを逃れ、死の向こうに永遠の喜びに満ちた極楽浄土が願われます。

「生きながら六道を見てさぶらふ」

　徳子は「生きながら六道を見てさぶらふ」、この世で生きながらにして六道の世界を目にしたと語ります。六道語りと呼ばれる物語です。六道とは煩悩をもった人間が死んでは生まれかわる輪廻を繰り返してさまよう、地獄界・餓鬼界・畜生界・修羅界・人間界・天上界の6つの欲の世界です。このなかでは天上界が最上の世界ですが、そこに生きる天人もやがては衰えて寿命がつき、再び六道の世界を輪廻せざるをえません。いずれも煩悩にとらわれた者がさまよう迷いの世界なのです。その六道の世界を、徳子は生きながらこの世でみつくしたと語るのです。

　徳子はこう語ります。華麗な宮中生活では何でも思うままになり、天上界の楽しみもこれにはおよぶまいと思われるほどでした。しかし、そ

3　建礼門院徳子　19

れが一転して源氏に追われる身となって都落ちし、どんな楽しみもいつかは終わる人間界の無常の苦しみを味わいます。海の上では食事も水も思うに任せない餓鬼界の飢えに苦しみ、いつ敵が攻めてくるかと修羅界の恐ろしさにおびえます。そして、壇ノ浦で二位尼に抱かれた安徳天皇が海に消えた時、悲しみのあまり目がくらくらとして心も消え入るようで、人々が泣き叫ぶ声は叫喚地獄に落ちた罪人の声もおよばないと思われるほどでした。このように徳子は涙にむせびながら語り、まわりの人もみな涙の袖をしぼります。

　この世の栄華も一転して苦難になり、親子の恩愛の絆も断ち切られれば底なしの慟哭の涙にかわることを、徳子は身をもって知ります。この世に生きながら六道をみつくした徳子は、いまは迷いの世界を離れて、わが子と平家の一門とともに永遠に平安な浄土への往生を祈ります。

恩愛の悲しみ

　徳子にとって、とりわけわが子の安徳天皇を失った悲しみは底なしに深いものです。「いつの世にも忘れがたいのは安徳天皇の面影、忘れようとすれども忘れられず、悲しみの涙を忍ぼうとしても忍べず、思えば恩愛の道ほど悲しいものはありません。ですから安徳天皇の成仏のために、朝夕のお祈りの勤めをおこたることはありません」と語ります。恩愛とは親子や夫婦などの深い愛情の絆です。その恩愛の情の深さゆえに、わが子を失った母としての徳子の悲しみは底なしに深いのです。

　子煩悩という言葉がありますが、仏教では恩愛にひかれる心も人をこの世に縛りつける煩悩と考えます。出家したとはいえわが子を失った徳子の悲しみの涙はとどめなく、どこにももっていきようがありません。その悲しみをどうおさめればよいのか、徳子は悲しみの涙のおさめどころを求めて、すがるような思いで仏に祈ったのではないでしょうか。仏の前でとどめなく涙を流すうちに、恩愛の情の深さゆえに悲しみにうちひしがれる自分を静かにみつめ、恩愛も悲しみもともにこえた安らかな浄土に救いを求める気持ちになったのでしょうか。

　人は抱えきれない悲しみをいだく時、幼い子どもが親にすがりついて

涙をぬぐいとってもらうように、悲しみの涙をだれかに受けとめてほしいと願うものです。徳子にとって浄土にいる仏だけが、その涙を真綿で吸いとるように受け入れ、この世で別れた者たちと浄土で永遠にともに住まう希望を与えてくれたのでしょう。

やがて日暮れを告げる入相の鐘が鳴り、徳子は都に帰る後白河法皇の一行を見送ります。この大原御幸からほどなくして、建礼門院徳子は仕える2人の女房に見守られて極楽往生をとげたと物語られます。史実としては、徳子はその後にほかの寺に移り、60歳を過ぎて亡くなったとされますが、確実な没年などはわかっていないそうです。

徳子の極楽往生を描いた灌頂巻は、『平家物語』が形成される過程であとから加えられたものとされます。より古い系統のテキストには灌頂巻はなく、平家の最後の嫡流の六代が斬られる断絶平家で終わります。『平家物語』は平家の興亡を語る戦記であるとともに、これを語り伝える人たちの仏教思想を色濃く反映した、極楽往生の祈りの物語でもあるのです。

心の目で〈みる〉極楽浄土

大乗仏教で説かれる浄土を、私たちはどのように受けとめればよいのでしょうか。大乗仏教では仏とは法身仏、一切の存在の真理（法）をその身とする仏として説かれます。真実のままの存在である真如は、姿や形あるものの生滅の相をこえた、永遠に静寂な世界とされます。人間もそのなかに住んでいるのですが、煩悩に迷って姿や形あるものにとらわれ、それらを争い求めてみずから苦界をつくりだしているのです。

このように真如に背を向け、姿や形のあるものにとらわれる人間を救うための方便として、仏は人間の視線が向かうかなたに阿弥陀仏の住む極楽浄土の光景をあらわしたのではないでしょうか。美しく荘厳された極楽浄土の光景は、姿なき法身仏が迷う人間を真如の世界へと導くためにあらわしたものでしょう。真如の世界は姿や形のない無相であるがゆえに、どのような姿や形をあらわすこともできるのです。阿弥陀仏は人間を救うために法身仏があらわした姿ですから、法身仏と阿弥陀仏とは

本来一体です。極楽浄土の阿弥陀仏の姿は対象ではなく、仏の救いの働きのあらわれとして受けとめるべきものでしょう。

　この世は姿や形ある〈みえる〉ものに迷う世界ですが、そのかなたにあらわされた極楽浄土は肉眼で〈みえる〉世界ではないでしょう。肉眼で〈みえる〉対象として執着すれば、それは迷いの世界になってしまいます。仏があらわした浄土は不滅の真如に導く救いのあらわれとして、祈りを通して〈心の目〉でみるものではないでしょうか。

　徳子の庵におかれた仏像の手には、五色の糸が結ばれていました。往生の際にその糸の端を手にもって、迎えにきた仏に極楽へと導いてもらうのです。その糸に込められた往生の願いも〈心の目〉でみるものでしょう。徳子は姿や形あるものに迷う六道の苦の世界を離れて、今はただ永遠に平安な浄土への往生を祈るのです。五色の糸は生滅の相をこえた永遠に静寂な真如の世界に導き、そこに住まうわが子安徳天皇や平家一門の人々と結ばれています。

　人間は生滅をこえた静寂な真如の世界から、姿形をとってこの世に生まれ、そこでうれしさや悲しさ、楽しさや苦しさを体験し、そして再び真如の世界へと帰っていきます。最後は生滅の相のない真如の永遠の静寂のなかで、みな平和に一緒になれるのでしょう。そこはいさかいや争いのない永遠の平和な安らぎの世界ですから、極楽というのでしょう。それは祈りを通して〈心の目〉でみるべきものではないでしょうか。

今や夢、昔や夢

　かつて宮中で徳子に仕えた建礼門院右京大夫が、大原に隠棲する徳子を訪れた時のことが『建礼門院右京大夫集』に残されています。

　当時は平家の縁者を訪れることは、憚られることだったでしょう。しかし、右京大夫は意を決して山深い大原に向かいます。徳子は粗末な庵で3、4人ばかりの女性に仕えられて、縁者のわずかな支援でほそぼそと暮らしています。「御いほりのさま、御すまひ、ことがら、すべて目もあてられず」、徳子の暮らしぶりは目も当てられないほどに貧しいものでした。これは右京大夫が、実際に目にしたことを記したものとされ

ます。かつて宮中で美しい錦の衣装を何枚も重ね着て、60人余りもの女房に仕えられていた徳子が、「見忘るるさまにおとろへたる墨染の姿して、わづかに三四人ばかりぞさぶらはるる」、別人とみるほどにやつれた墨染の尼の姿で、そばにはわずかな女性がお仕えしているだけです。その様子に、右京大夫はあふれる涙で言葉も続けられません。

　右京大夫はこの話を歌で結びます。「今や夢　昔や夢と　まよはれていかに思へど　うつつとぞなき」、今が夢なのか、昔が夢だったのかと迷われて、どう思っても現実のことではないようで、移りかわるこの世のすべてが夢かと思われます。

　右京大夫は、壇ノ浦で海に沈んだ平資盛との恋の歌もよんでいます。都落ちする時に「わが後世を弔いたまえ」といい残した資盛の極楽往生を祈ることに、右京大夫は心のよりどころを求めます。しかし、かなわぬとは知りながらも今一度、資盛にあいたいという思いをおさえられません。冬の近江の荒涼とした琵琶湖の浜辺にたたずみ、「恋ひしのぶ人にあふみの海ならば　あらき波にも　たちまじらまし」、恋い偲ぶ人にあうことができるという「あふみ」の海ならば、冬の荒い波間にも入っていきたい、と悲痛な思いを歌にします。凍てつく湖をながめながら、はるかな西の海に消えた資盛を思うのです。

愛別離苦の教え

　この世に生きる私たちにとっては恩愛の情は深く、離別の悲しみも避けがたいものです。それはこの世に生きる者の定めともいえます。別離の悲しみの原因になるとはわかっていても、恩愛の情に生きることが人でもあります。恩愛の情ゆえに別れの悲しみを味わわざるをえないという葛藤を、私たちはどのように心におさめればよいのでしょうか。

　原始仏典のブッダの教えに愛別離苦、どんなに愛する者ともいつかは必ず離別の苦しみを味わわざるをえないというものがあります。人生で避けられない8つの苦しみ、八苦の1つです。ブッダは人生の事実としてそれに向きあい、世の無常の真実を諦観することに心の平静を求めよと説きます。諦めは明らめに通じますから、諦観は真実を明らかにみて

3　建礼門院徳子　　23

とって、そこに心の落ち着きどころを見出すことでしょう。

悲母の心

　仏教では慈悲深い母親のこと悲母といいますが、なぜ悲という言葉がつくのでしょうか。悲と訳されたカルナは、苦しみにうめくことを意味します。人生の辛酸をなめて苦しみを知りつくした人が、それゆえに苦しむ人の心を知り、そこから苦しみを取り除く抜苦の心、悲をもつことができます。どうしようもない人間の生きる悲しみを心底知るゆえに、慈悲の心が生まれるのです。

　太平洋戦争の時、数知れない人が愛する人を失い、愛別離苦の悲しみを体験しました。日蓮宗の寺に生まれた仏教学者の紀野一義は、学徒出陣をして九死に一生を得て故郷の広島に戻ります。しかし、原子爆弾が投下された街は廃墟となり、実家も跡形ありません。疎開先で仏壇におかれた過去帳を手にとり、8月6日の日付のところを開けると、そこに真新しい4つの戒名が並んでいます。両親と姉妹の死に彼は言葉を失います。炎のなかで倒壊した家の下敷きになりながら子どもたちに早く逃げろといったという悲母の話を聞き、彼は底なしの慟哭の涙に沈みます。

　「考えれば恐ろしくなるほどに沢山の人をわたしは亡くした。わたしは慟哭し、ふるえ、そのたびに眼の色が深くなって行った。そのたびにいのちが深くなり、重くなって行くのを感じた」と彼は語ります。愛する人の死に出あうごとに、その悲しみのなかで命をみる眼が深くなり、みずからの命に亡くなった人の命が重なって重くなっていくのです。その命の重さが大きな仏の命と1つになって、今、ここに生きている自分の命を支えてくれています。

　愛別離苦の悲しみをみつめるがゆえに、私たちは人の命の重さにめざめ、その命とともに生きることの有難さを知るのではないでしょうか。仏教では愛欲に執着することは渇愛として戒めますが、その一方で、命あるものへの慈悲の心を説きます。私たちは生きることをよろこびとしますが、一方で無常の世における命のはかなさをみつめるほど、命を慈しむ心は深いものになります。命ははかなく、もろいものであるがゆえ

に、今、ここにある命の一瞬一瞬をみつめる眼の色が深まります。その命のかけがえのなさを忘れる時、人は憎しみや怒りに迷い、悪口や暴力に走り、戦争という地獄の世界をつくりだすのです。その愚かさは今も続いています。

覚悟と祈り

　平家物語の名高い冒頭では、この世に生まれた者は「春の夜の夢」のごとしと語られます。ましてやおごり高ぶる者、勢いたけき者は「風の前の塵に同じ」に跡形もなく消え去ります。私たちは、そのような絶えざる有為転変の生滅の世界に生きています。本来は生滅の相のない永遠の静寂の真如の世界に、姿形ある人として生まれ、人の世の生滅の運命が展開されます。それは迷いの世界なのですが、しかし、その迷いのなかで苦楽を味わうことも人間のありのままの姿でしょう。

　平知盛はその〈みえる〉生滅の世を武士として戦い抜き、おのれの運命をみつくして海に消えました。妹の徳子はそこに六道の苦しみをみつめ、生滅をこえた〈みえない〉永遠の平安の世界を祈りました。『平家物語』はこの世の生滅の運命を生き抜くとともに、また、それをこえたところに永遠の平安を願う、戦いと祈りの物語ではないでしょうか。それは春の夜の夢のような無常の人生を、いかなる覚悟と祈りをもって生きるかを私たちに問いかける物語でもあるのです。

思想の風景

建礼門院徳子　　永遠の平和と安らぎ

壇ノ浦でわが子安徳天皇と平家一門の最期をまのあたりにした建礼門院徳子は、この世の苦界から逃れ、極楽浄土への往生に救いを求めます。極楽浄土は姿形あるものに迷うこの世の喧騒を離れた、姿形なき無相の永遠に静寂な世界なのでしょう。それは人のいさかいや争いのない永遠の平和の世界ですから、極楽というのでしょう。私たちが死の闇をこえることは、そのような永遠の平和と安らぎの世界へといたることなのかもしれません。

▼

4

悲しきかな、いかがせん

法然

一筋の白い道

　中国の浄土教の祖とされる善導の『観経疏』に、二河白道と呼ばれる説話があります。ある人が西に向かって歩いていると、忽然と河があらわれます。河には西のむこう岸に渡る一筋の白い道がありますが、その道の両側にある火の河からは火焔がおし寄せ、水の河からは波浪が打ち寄せてやむことがありません。うしろからは盗賊や猛獣がせまってきます。旅人は恐ろしさに震えながら「わたしはいま、あともどりしても死ぬだろう。とどまっても死ぬだろう。進んでも死ぬだろう。どれ一つとして死を免れることができないとすれば、わたしはむしろこの道をたどって前に向かって行こう。すでにこの道があるのだから、きっと渡れるであろう」と思います。

　すると背後の東の方から、声がします。「そなたは、ただ心を決めて、この道をたどって行きなさい。決して死ぬようなことはないであろう。もしそこにとどまっていたら、すぐにも死ぬだろう」。また、むこうの西の方からも、声がします。「そなたは、一心に正しく念じて、まっすぐに来なさい。わたくしがよくそなたを守ってあげよう。決して水や火の危難におちることを恐れてはいけない」。旅人はその声を聞いて心を決め、ひるむことなく一心に道を進んでいくと、たちまち西の岸に到達して苦難を逃れ、よい友にめぐりあってよろこび楽しむことはつきることがありませんでした。

　旅人にせまる盗賊や猛獣は人間の煩悩を、火の河は憎悪の炎、水の河は貪欲の力をあらわすとされます。東からむこうに行くように励ます釈

26　第Ⅰ部　古代・中世の思想

迦の声、西からこちらにくるように呼びかける阿弥陀如来の声を信じて、ただひたすらに一筋の道を進めば、極楽浄土へと到達できるという教えです。善導の教えから浄土の信仰へと導かれた法然も、この一筋の白い道をたどったのでしょう。

仏の道を歩む

　法然は平安末期から鎌倉時代の初めにかけて、念仏による浄土への往生を説いた浄土宗の祖です。美作国（現在の岡山県北東部）の豪族の家に生まれますが、父親は対立する武士から夜討ちを受けて命を落とします。少年の法然は出家して比叡山にのぼり、延暦寺で仏教を学びます。父親の死と法然の出家の関係には諸説あり、父の死は出家後であるとする伝記もあります。

　当時の延暦寺は仏教の学問の中心でしたが、各地から集まった学僧たちが知識を競い、僧位や僧職を得る場になっていました。法然は18歳の時に延暦寺を去ってふもとの黒谷に隠れ住み、一人で悟りの道を求めます。この時に師から法然という名をもらいます。法然は「天然自然にあるがままに〈法爾法然〉仏道を志す気持をおこしたので、師匠は名を授けて"法然"と名づけられたのです」と語っています。

「悲しきかな、いかがせん」

　法然は「智慧第一の法然房」とたたえられますが、法然が求めたものは、どうすれば自分のような煩悩を抱えた人間が救われるかという切実なものでした。仏教では修行の基本は、戒・定・慧の三学とされます。定められた戒律を守り、精神を統一する定をおさめ、悟りの智慧を得るのです。しかし、法然は凡夫の心は猿のようなもので、物事に従って動揺しやすく、心を１つにして落ち着けていることは難しいと考えます。そして自分は迷いのない智慧は得られず、悪業や煩悩を断つことができず、これではこの世の生死の苦しみから逃れられない、「悲しきかな、悲しきかな、いかがせん、いかがせん」と嘆きます。みずからの心を正直にみつめるゆえの、法然の苦悩の告白です。

ある日、法然は経蔵に入って善導の『観経疏』を手にとり、そこに
つぎのような言葉を目にします。救いを得るための正しい行い、正行と
は「一心に専ら阿弥陀仏の名号を念じて、行・住・坐・臥に時間の長
短をとわず、たえず念じつづけて捨てないことで、これを正定業と名づ
ける。それはかの阿弥陀仏の本願に順じているからである」。一心にも
っぱら阿弥陀仏の名をとなえ続ける念仏こそが、浄土に救われるための
正しく選定された行い、正定業であり、それこそが阿弥陀仏の救いの願
いにかなうというのです。

　その時、法然の前に一筋の光明が差し込みます。阿弥陀仏の名を称
える念仏だけで浄土に往生できる、これなら自分にもできる、このよう
にだれにでもできる念仏によって、煩悩にまみれた無力な凡夫を救うこ
とこそ阿弥陀仏の願いなのだ、この願いに身を任せるよりほかない、と
法然は確信したのでしょう。あちら、こちらに心を向けず、ただ一向に
阿弥陀仏の名を称える念仏に専念する、そこから浄土へとつながる一筋
の白い道がみえてきたのです。法然が43歳の時のことです。

生まれ出づるもの

　「悲しきかな、いかがせん」という苦悩のなかで法然が出あった善導
の教えは、法然自身の心が求めるものに善導の教えがぴたりと表現を与
えたのでしょう。だからこそ「ああ、自分が求めていたものはこれだっ
たのだ」と、自分自身にめぐりあったような心持ちになったのです。人
は自分の心のなかから生まれ出づるものを深くみつめるほど、出あった
言葉が心に深く浸透して自分自身のものになります。心に求めるものを
もたなければ、何を学んでも他人の借りものの知識に終わります。

　ドイツの作家ヘッセは、少年が自己にめざめてみずからの人生を歩み
はじめる心理的なプロセスを描いた小説『デーミアン』の冒頭で、「私
はただ自分自身のなかから自然に生まれてくるものを生きようとしたに
すぎない。どうしてそれがこんなにも困難だったのだろう」と語ります。
自分自身のなかから生まれ出づるものをみつめ、それを正直に生き抜こ
うとすることは思った以上に困難なことです。しかし、自己のなかから

生まれ出るものをみつめ、たとえ苦悩に向きあうことになっても、それに忠実に生きようと試みることが自分の人生を生きることではないでしょうか。法然は苦悩する心のなかから生まれ出るものを、善導の教えに見出したのでしょう。

また後年、法然は極楽への往生を「ああ、まったく、今度こそしとげたいものだな」といったので、そばにいた弟子から、師がそのような不確かなおっしゃり方をされたのでは、自分たちはどうしたらよいのですかとこぼされます。法然は笑って、極楽に往生して「蓮の台の上に乗るまでは、どうして、このような思いが尽きることがあるだろうか」とかわします。教義を確立して宗祖になっても、それに安閑としておごることなく、生涯にわたって救いを求め続ける法然の真摯な態度に、人々は信頼を寄せたのではないでしょうか。

阿弥陀仏の本願

阿弥陀仏は西方の極楽浄土にいて、すべての人を浄土に救いとるとされる仏です。阿弥陀とは原語のアミターバ（無限の光明）、アミターユス（無限の寿命）を音写したものです。仏の光明は十方の世界に放たれ、無明の闇に迷う人々を照らしだして浄土へと救いますから無量光仏、また、永遠の寿命をもって限りなく人々を救済し続けますから無量寿仏とも呼ばれます。

仏典の『無量寿経』によれば、阿弥陀仏は悟りを開いて仏となる前に法蔵菩薩の姿で修行をしていました。菩薩とは仏の悟りを求める心をおこし、すべての人を救う功徳を積んで仏になろうとする修行者です。その時、法蔵菩薩は四十八願、48の願を立てます。そのなかで浄土に生まれようとしてわずか10回もしくは1回でも念仏を称えた人はすべて浄土へと救おう、それができないならば私は仏にはならないと誓います。法然は善導の教えに導かれて、このような阿弥陀仏の本願に出あい、一心に口で念仏を称えるだけで浄土に往生できるという信仰を得たのです。

善導の書には、仏の救いは「水に溺れている人を急いで何をおいても救わねばならないようなものである。岸の上にいる者をどうして救う必

4 法然　29

要があろうか」と説かれます。苦しみの世界に溺れている人を1人もら
さず浄土へと救いとる阿弥陀仏の慈悲は摂取不捨、すべての人を浄土へ
と摂めとり、だれ1人見捨てることがないものと説かれます。このよう
な一切の衆生を浄土へ救いとる仏の絶対的な受容に、法然は救いの希望
を見出したのです。

専修念仏の教え

　法然は修行をなしえない自己をみつめるその目で、世の中の人々をみ
つめます。人々は日々の生業に忙しく生きるのに精一杯で、仏教の学問
や修行には縁がありません。なかには生きるために悪事を働く者もあっ
たでしょう。法然はこのような庶民の姿に自分自身の姿を重ね、自分を
含め、すべての人をいっさいの差別なく平等に浄土へと救うためには、
阿弥陀仏の救いの願いにすがるほかないと確信します。

　「念仏は容易であるから、どんな人にもできるが、ほかの行為は行な
うのに困難であるから、あらゆる人の能力に応ずることができない。そ
れであるから、一切の生きとし生けるものを平等に往生させようとする
ためには、困難なものを捨て、容易な行為を取って、仏の本願とされた
のであろうか。もしも、堂塔を建立し、仏像を造ることによって本願と
されると、貧しく賤しい者たちは往生する望みが完全に絶たれたことに
なる……もしも、智慧や才能のすぐれた者をもって、本願の対象とされ
るならば、愚かな智慧のない者は往生する望みが完全に絶たれたことに
なる……学問をしている者をもって……戒律を堅持している者をもって
……(そこで)ただ称名念仏の一行のみをもって本願とされたのである」。
このように口で念仏を称える称名念仏を救いのための正行とし、それだ
けを専ら修めればよいという法然の専修念仏の教えは多くの民衆に広ま
ります。

　法然は「たきぎを切ったり、草を刈ったり、菜をつんだり、水を汲ん
だりする、ごくあたりまえの人で、内面も表面も不完全で、一字の意味
さえも理解することができないけれども、念仏をとなえれば、必ず浄土
に生まれるのだと信じて、真実に喜び願って、つねに念仏を申している

のを、（仏の救いの願いにかなう）最上の資質ある人とします」と説きます。
阿弥陀仏の救いの本願は、学問や修行のあるなし、身分・職業・資質・
性別・年齢にかかわらず、浄土への往生を願うすべての人に向けられて
います。

聖道門と浄土門

　法然は、自力の修行で功徳を積むことを条件に救われる聖道門を退
けて、ただ仏の他力に任せて無条件に救われる浄土門を選びとります。
そして、「聖道門の修行は、智慧をきわめつくすことによって、生死の
苦しみを離れるのであり、浄土門の修行は、愚痴な状態に還って、極楽
に生まれることができる」と説きます。このような浄土門こそ智慧や能
力が劣り、自力の修行にたえられない末法の世の人にふさわしい教えと
されます。

　知恵を学んで善行を積む努力は尊いものですが、いかに学問や善行を
積んだとしても自分は愚かな凡夫にすぎないと自覚することが、人の心
から慢心や偽善を除き、ありのままの自己を謙虚にみつめさせます。法
然は「念仏を信ずる人は、たとい釈尊が御一生の間に説かれた教えを十
分に学んだとしても、一つの文字すら知らない愚鈍な者の身になりきっ
て、尼入道のような無知なともがらと一つになり、賢い人のような振舞
いを投げすてて、ただひたすら念仏するのがよい」と説きます。いくら
学問や修行を積んでも、仏の前ではみな愚かな凡夫にすぎないと自覚し、
仏の他力を頼りに念仏を称えることが仏の救いの願いにかなうのです。

　法然は「極楽往生は一定と思へば一定、不定と思えば不定なり」（『和
語燈録』）、往生は一心に定まっていると思えば定まり、迷って定まって
いないと思えば定まらないと説きます。極楽往生は学問や修行によるの
ではなく、人それぞれに心で信じるところに定まるのです。智慧第一と
いわれた法然は「一文不通」、文字を１つも知らない人のただ救いを願
い求める純粋な心にこそ、救いは与えられるものだと説きます。

遊女への説法

　このような法然の教えは民衆に広まりますが、なかにはそれを曲解して念仏さえとなえれば何をしてもよい、悪事さえ働いてもかまわないとする者もあらわれます。法然は「一切の仏法に、悪をおさえないということはありません……自分自身の悪をとどめることができないならば、仏よ、慈悲をお捨てにならないで、この罪を消滅して、迎えてください、と申しなさい。罪をただ造りなさいということは、すべて仏法ではいわないところです」と説きます。悪を捨てよう、悪から離れようと思いながらも、悪におちいらざるをえない人間のために仏は救いの手を差しのべるのです。しかし、旧仏教界からは法然の教えは人々の悪事をあおるものだと批判の声が上がり、ついに念仏停止の沙汰がくだされ、法然は75歳の高齢の身で四国へ流罪になります。

　伝記によると、法然を乗せた船が配所に向かう途中、播磨（現在の兵庫県南西部）の室の泊で遊女の小舟が近づいてきました。遊女は、「私どものようなけがれた生活に罪を重ねる者はどうしたら救われるでしょうや」とたずねます。法然は「もし遊女をやめて世渡りの道があれば、速やかにその業をすてるべきだが、ほかに生活の道がないならば、生きるためにやむをえない。そのままでもっぱら念仏したまえ。弥陀如来は、さような罪人のためにこそ、弘誓の願をおたてになったのだ。ただ深く本願をたのんで、あえて卑下することはない」と答えます。

　遊女は、男たちの遊興の相手をすることを生業にする罪深さに苦しんでいたのでしょう。彼女たちもみずから好んで遊女の道を選んだわけではないでしょう。当時の社会のなかで女が一人で生きていくため、家族の生活のためにであり、あるいは悪人にだまされて遊女に身を落とした者もいたことでしょう。法然はそのような境遇を承知のうえで、遊女に真摯に向きあい、そのままで念仏しなさい、仏は罪をおかさざるをえない人のために救いの誓いを立てられたのだから、あえてみずからを「卑下することはない」と教えるのです。

　そこには苦しい境遇ながらも、彼女たちが歩んでいける一筋の救いの道が開かれます。私たちは見捨てられていない、私たちにも救われる道

がある、遊女はそこに大きな希望とよろこびを見出したことでしょう。法然があたかも孫に接するように、遊女の悩みにうなずきながら耳を傾け、やさしくこたえている光景が目に浮かびます。それはみずから「悲しきかな、いかがせん」と悩み抜いた人がもちえる、本物のやさしさでしょう。遊女の目にはそんな法然の姿のかなたに、浄土にまねく阿弥陀仏がみえていたのではないでしょうか。

受容されるよろこび

遊女が法然から仏に救われて浄土に迎えられることを知ったよろこびは、いかばかりだったでしょうか。自分は見捨てられていない、つねに仏に受け入れられているという信頼感を得て、彼女はみずからを受け入れ、肯定することができたのではないでしょうか。人は他者に受け入れられる体験を通して、みずからを受け入れる自己受容ができます。だれからも受け入れられなければ、人間は孤独のなかで自分が生きることは無意味だという自己否定の絶望と悲しみにおちいるしかありません。

アメリカの心理学者エリクソンは、乳幼児がまわりの人々に温かく迎え入れられる体験を通して、自分はこの世に受け入れられ、人生は信頼するにたるものだという自己肯定感をいだくことを、基本的信頼(basic trust)と呼びました。そのような幼少期に芽生えた基本的信頼の感覚は、自分が生きるのはよいことであり、生きることを肯定されているという自己肯定感をはぐくみ、私たちの人生を生涯にわたって支え続けます。

ある人が笑顔で私の肩をたたいて声をかけてくれます。私が返事をすると、それでよいとだまってうなずいてくれます。その温かさに見守られ、それに肩をおされて私たちは人生を歩んでいけるものではないでしょうか。つねに自分を受け入れ、迎えてくれる温かさを背後に感じながら、人は前に進んでいけるのです。法然のもとに集まった人々は浄土に迎え入れる仏の静かな微笑から、そのような温かさに包まれて人生を歩む勇気をもらったのではないでしょうか。

苦悩する人のもとへ

　法然の船に化粧をして華美な衣装を着た遊女の小舟が近づいてきた時、まわりの人はどう思ったでしょうか。僧侶と遊女が親しく語るなど、けしからぬと思った人もいたかもしれません。しかし、法然は意に介しません。いつものように、だれとも同じように遊女を迎え入れ、同じ目線の高さで声に耳を傾けます。苦悩する人の境遇までおりてその声を傾聴する、これが慈悲の第一歩ではないでしょうか。法然が人を平等にみる目は、仏が一切の衆生を平等にみる目と同じだったのでしょう。

　人の世には守らなければならない掟や定めがあります。仏教では五戒、殺すな、盗むな、淫らなことをするな、嘘をつくな、酒を飲むなという５つの戒めがあります。しかし、人はときにそれを守ることができない境遇や無力さにおちいることもあります。恵まれた境遇にあって掟や道徳を守ることができる人が、それを破らなければ生きていけない境遇におかれた人を一方的に非難できるでしょうか。法然は殺生を生業とする漁民や狩人、さらに戦で人を斬らねばならない武士にも、救いの道があることを説いていきます。すべての人を一切の差別なく平等に浄土へと救う阿弥陀仏の願いは、そのまま法然自身の願いでもあったのです。

　どのような言葉も人の心が語り、人の心へと伝わるものです。音楽家のベートーヴェンは、晩年に書き上げた『荘厳ミサ曲』の楽譜に「心から出て、願わくば再び、心へと至らんことを」と記しました。ドイツ語でvon Herz zu Herz、心から心へ、つまり以心伝心です。宗教や芸術に限らず、すべて人の思いは心から心へと伝わるものです。すべての人の救いを願うゆえにただ念仏をとなえることだけを説いた法然の心は、理屈をこえて人々の心へと伝わり、それが阿弥陀仏の救いの本願と１つになって浄土への白い道につながっていったのではないでしょうか。

希望の道

　阿弥陀仏の摂取不捨の慈悲は、だれ一人取り残されることなく、だれもが幸福にあずかれる希望を象徴するものではないでしょうか。かつて「悲しきかな、いかがせん」と絶望した法然は、その仏の慈悲にすがっ

て浄土へとつながる一筋の道に希望を見出し、すべての人々とともにその道を歩みました。法然も、一文不通の民衆も、遊女も、武士も、そして現代に生きる私たちも、人として生きる希望を願うことにはかわりはありません。

　人間の心はつねに未来に開かれていますから、私たちが人生を歩んでいくことができるのは未来に希望をもてるからです。私たちはすべての人の生きる希望に共感し、それを笑顔で支援することをよろこびとしたいものです。自分と立場や考えが違うからといって、暴力や差別や抑圧によって人から生きる希望を奪うことは、だれにも許されないことです。

　人の運命や境遇、信じるもの、求めるものは様々ですが、私たちはどのような人でも希望をもって自分の道を歩むことができる、包容力のある希望に満ちた社会に生きたいものです。そして、みずからも希望をもち、人にも希望を与え、ともに明るい心で前を向いて生きることができるように心がけたいものです。

思 想 の 風 景

法然　　大いなる人間肯定の力

法然は殺生を生業（なりわい）とする漁民や狩人、さらに武士や遊女など罪を犯して生きざるをえない人々にも、仏の救いは平等に与えられると説きました。中世社会の差別や偏見、貧困や不安に苦しむ人々にとって、念仏を称えた者を1人ももらすことなく浄土に救いとる仏の摂取不捨（せっしゅふしゃ）の慈悲は、自分たちは見捨てられていない、受け入れられているという自己肯定感を与えるものだったでしょう。人間はみずからの力（自力）で自己を肯定するに先立って、無力さと無防備さのなかで親をはじめとする他者の力（他力）によって守られ、養育され、その存在を肯定されて人生を歩み始めます。法然は、そのようなすべての人を包み込む大きな人間肯定の力を、仏の他力の救いに見出したのではないでしょうか。

5

善人なをもて往生をとぐ、
いはんや悪人をや

親鸞

法然との出会い

　比叡山で修行をしていた青年僧の親鸞は救いの道に悩み、29歳の時に京都の吉水の草庵に法然をたずねます。吉水は現在の京都市東山の円山公園のあたりです。この法然との出会いが親鸞の運命を決定づけます。

　浄土真宗の寺に生まれた作家の丹羽文雄は、小説『親鸞』でこの時の法然との出会いをつぎのように描いています。吉水の庵は法然の法話を聞きにきた様々な身分や職業の老若男女で、外まであふれています。親鸞は人々のうしろに立って、奥に座る法然をみつめます。｜法然は、すでに七十歳に近かった。品のある、おだやかな容貌であった。すこし肥り気味であった。知恵第一といわれた碩学の面影は、円満な相の下にかくされていた……安らかな心のせいだろうか。悟りをえたひとの、感謝の思いが全身からあふれているようであった」。

　法然は、「はからいなく（あれこれ思わず）、念仏を申せ」と、子どもにさとすような口調で、やさしく、繰り返し教えを説きます。「法然の法話には、法然の永年の苦悩が裏打ちされていた。それが法然の肉体を通じて濾過され、平明化されたものであった……法然の説く教義が、そのまま法然の人となりという印象であった」。そのような苦悩を経て浄化された法然の平明な言葉の一つひとつが、若い親鸞の心に染みとおります。その日から親鸞は毎日、法然の法話を聞きに通います。

　法然はおだやかな口調で、衣食住は念仏を称える助けになるもので、たしなんでよろしい、妻をもつことも自分がそれに助けられて念仏が称

えられるならば、よろしいと説きます。世の中での暮らしぶりは何につけても念仏が称えられるように暮らせばよいので、独身の聖になって念仏が申されないならば、妻をめとって申しなさい、妻をめとって念仏が申されないならば、独身の聖になって申しなさいと説きます。このような教えは、法然の言葉を集めた『和語燈録』にみられるものです。

　女性への愛に悩んでいた若き親鸞は法然の言葉に耳を疑い、体が震えるような衝撃を受けます。仏は煩悩を抱えたままの人間を救うことを願われたのだという法然の言葉は、水面に落ちた紙が端からぬれて、やがて一面にぬれてしまうように、親鸞の心を無理なく、あますところなくひたします。親鸞はあいがたき人にめぐりあうことができたのだと思い、法然の弟子となることを決意します。小説ではこのように描かれます。

青年僧の苦悩

　比叡山の延暦寺には東塔・西塔・横川にお堂があり、親鸞は横川のお堂でお勤めをおこなう堂僧でした。これは僧としては高い地位ではありませんでしたが、若き親鸞は真剣に修行に打ち込んでいたことでしょう。

　仏教の修行の基本は戒・定・慧の三学とされます。生活を律する戒律を守り、精神を統一する定をおさめ、仏の智慧を悟るのです。しかし、親鸞は修行に真剣に打ち込むほど、それをやりきることのできない無力な自分がみえてきたのでしょう。まして若さのエネルギーに満ちた青年僧にとって、様々な煩悩がわが身にわきおこることをおさえきれなかったことでしょう。親鸞の率直な目には修行をやりきれない自分、もし、やりきったといえば偽善におちいる自分しかみえなかったのです。自分を欺くことのないその目には、決して修行を完成させて満足している自分の姿は映りませんでした。比叡山での20年におよぶ自力の修行の果てに、どうしようにも煩悩を断つことのできない凡夫の自分を悟った親鸞は、山をおりて法然のもとを訪れるのです。

地獄こそ住みか

　『歎異抄』では、親鸞は師の法然との出会いをこう語っています。「『た

5　親鸞　　37

だ念仏だけを称えて阿弥陀仏に救われなさい』という師の教えを頂いて、信ずるほかに、格別のことはないのである」、ただ、師の法然から教えていただいた念仏を信じるほかは何もないといいます。そして、「念仏が、本当に浄土に生まれる原因であるのだろうか、また地獄に堕ちるための行為であるのだろうか、こうしたことはすべてわたしの知らないことである」と語ります。ふつうは救われるから信じるのでしょうが、親鸞はそのようなことは自分のあずかり知らぬことだといいます。そして、「たとひ法然聖人にすかされまひらせて（だまされて）、念仏して地獄におちたりとも、さらに後悔すべからずさふらふ」と言い切ります。なぜ、ここまで法然の教えを信じ切ることができたのでしょうか。

　親鸞はこう語ります。もし、念仏以外の修行を立派にやりとげ、自力で真理を悟って仏になることができる人が、念仏を称えたために地獄に堕ちたとすれば、それこそだまされたという後悔がおこるでしょう。しかし、自分は「いづれの行もをよびがたき身」、どのような修行もできない身の上だから、いずれにしても地獄に堕ちると決まっており、そんな自分は念仏による救いを信じるしかないのであり、たとえ、それでだまされて地獄に堕ちることになったとしても、もともとのことだから後悔はないというのです。「地獄は一定すみかぞかし」、地獄が住みかと定まっているという覚悟のもとに、親鸞は念仏の教えを信じるのです。

非僧非俗の生き方

　法然の弟子になってから７年後、念仏の教えに反発する旧仏教界からの訴えによって念仏停止の沙汰がくだされ、親鸞も連座して越後に流されます。その時、僧籍を剝奪されたことを機縁に、親鸞はみずからを愚禿、剃髪した凡愚の人間と呼び、非僧非俗、僧でもなく、俗人でもないという生き方を選びます。公認された僧の資格をもつわけではなく、一方で世間に埋没したままの俗人でもありません。僧でもなく、俗人でもないということは、僧でもあり、俗人でもある、つまり世俗の生活のなかで仏の教えに従うことを決意した者ということです。

　悪に迷う凡愚でしかありえないと覚悟した親鸞は、世俗の生活にあり

ながら仏の救いの道を求めます。師の法然は、念仏を称える助けになるならば妻をめとってもよいと説きました。また、殺生を禁じる仏教で戒められている肉食についても、「魚を食うものが往生するなら鵜がするだろう、魚食わぬものが往生するなら猿こそするだろう、食うによるのでも、食わぬによるのでもない、ただ念仏を称える者が往生すると私は存じている」(『四十八巻伝』)と説きました。親鸞はその教えを実践して肉食妻帯の世俗の生活のなかで、仏の教えに従う在家仏教の道を歩みます。世俗に染まりきった生活が虚偽であれば、その世俗から超出したとする出家の生活も、また虚偽におちいるのではないでしょうか。親鸞はありのままの自然な人間性にもとづいて、世俗の生活のなかに仏の道を求めます。

愛欲の深さ

　人の煩悩のなかでも愛欲は大きなものです。僧は戒律によって異性との関係をもつことを禁じられます。受戒を受けて戒律を守る誓いを立てた男性の僧にとっては、表立って妻帯することは当然はばかられることです。しかし、親鸞は戒律を守るとしながらも欲心を捨てきれないならば、それは偽善にすぎないと考えます。生きている人間が、心にわずかの欲望ももたないことは不可能なことです。親鸞は異性への欲望を自然なものとして率直にみつめ、阿弥陀仏はそのような煩悩を捨てがたい人間をこそ救う誓いを立てたのだと信じ、恵信尼を妻とします。

　親鸞にとって妻帯は、仏の前に嘘も隠れもない自分をさらけだして救いを求める真実の道だったのでしょう。愛欲と名利に迷う自己をみつめる親鸞がたどり着いたところが、妻帯しながら念仏を称えるという非僧非俗の生き方だったのです。それはまた、世俗に生きる同行の者たちとともに救われる道でもあります。

　小説家もまた愛欲を底まで知りつくして、はじめて人間を描けるものなのでしょう。丹羽文雄は作家の立場から、愛欲の経験をもたない宗教家がどこまで人間を理解できるだろうか、そのような高僧が人間についてどのような深淵な教義や教訓をたれても、むなしいだけではないかと

5　親鸞　　39

語ります。「人間は、愛欲の場において、完膚なきまでにおのれというものをさらけ出すもののようであった……範宴（親鸞の若い頃の法名）がもとめているものは、愛欲のおそろしさ、よろこび、悲しみを知りつくしたあげくに辿りつく境地であった」。このような愛欲に生きる人間の救いは、丹羽自身が求めたものかもしれません。

「愛欲にしずむ人間の罪悪は、人間そのものから切りはなすことは出来ないものだ。子を産むことは、種族の保存であって、そのことがただちに罪悪といえないまでも、そのことは人間の根本悪につながっているのである。人間はそもそも、強靭な根本悪によって、たくましく生きているものではないか。その罪業ゆえに、仏が必要であり、仏が存在するのだ」と丹羽は語ります。人間は愛欲という根本悪によって命をつないで生きるものであるゆえに、その人を救う仏が存在するのです。

愛欲の海・名利の山

親鸞はみずからについて、「愛欲の広海に沈没し、名利の太山に迷惑して……恥づべし傷むべし」と告白します。果てもない愛欲の海に沈み、名声と利益の高山に踏み迷いながら、浄土に生まれることをよろこぼうともせず、仏の悟りに近づくことをうれしいとも思わないとは、なんと恥ずべきこと、心を痛めなくてはならないことかと語ります。この言葉が記された主著の『教行信証』は、親鸞が50代の頃に書きはじめられ、その後も手を加え続けられたとされます。そのような年齢になっても、親鸞はみずからを愛欲と名利に迷っていると語るのです。

仏教の道を歩む人、ましてや長年にわたって仏の教えを学び、人にも教える立場の人間がここまで自己を率直に語れるものでしょうか。世間ではある程度キャリアを積んで、人に指導・助言するような立場になれば、それ相応の体面を保つものです。しかし、嘘偽りのない親鸞の目には、若い時も晩年も欲にまみれた凡愚の自分しかみえないのです。しかし、その「煩悩具足の凡夫」の自覚があるからこそ、自分の心をみつめて失わずにすむのです。自分の悪から目を背けていれば、本当の自分の心と向きあうことはできません。

親鸞は「弟子一人ももたずさふらふ」と語ります。師弟の関係をもたず、すべての人を御同行、救いの道をともに歩むお連れと呼びます。すべての人は仏のはからいによって念仏を称えて救われるのですから、親鸞にとっては人を「わが弟子」と呼べるわけもなく、ともに仏の導きを頼りに救いの道を歩む同行の仲間なのです。

「善人なをもて往生をとぐ、いはんや悪人をや」

　親鸞は愛欲と利欲にまみれて生きざるをえない人間こそが、阿弥陀仏の救いの対象であると考えます。そこから「善人なをもて往生をとぐ、いはんや悪人をや」、善人でさえ浄土に生まれることができる、まして悪人が浄土に生まれないわけはないという、有名な悪人正機の教えが説かれます。煩悩にまみれた悪人こそ、仏の救いとなるにふさわしい機根（素質）や、機縁（きっかけ）をもっているのです。

　なぜかというと「煩悩にまみれたわたしたちが、どんな修行をしたところで、生死の迷いを離れることができないのを、あわれとお思いになって、願を立てられた阿弥陀仏のご本意こそは、悪人を救い取って仏とするためであるから、阿弥陀仏の本願にすべてをおまかせしきっている悪人こそ、じつは浄土に生まれるのにもっともふさわしい人なのである」と説かれます。「悪人を救い取って仏とする」とは阿弥陀仏の本願の力によって、煩悩にまみれた人間が悪業を消され、浄土に生まれて悟りを開いて仏になることです。

　ここでいう「悪人」とは、親鸞の透徹した目でみつめたすべての人間のありのままの姿ではないでしょうか。それは心の底まで偽りなく見通した時の、人間の真実の姿です。親鸞は経典を解釈しながら、「賢者や善人に見られる努力精進のすがたを外に現わしてはならない。なぜなら、人はその心のうちにいつわりをいだいているからである。貪りや怒りや、邪ないつわりやねじけた悪だくみは数限りなく起こり、悪い性質は改めることができない」と語ります。心の内に悪をいだきながらいくら善いおこないをしても、それは「虚仮」、虚しくて内実がなく、仮のもので真ならざるものです。「この毒のまじった行ないを回らしさし向けて、

5　親鸞　41

かの仏の浄土に生まれようと望んでも、それはけっして達せられない」、偽りのまじった「雑毒の善」を廻向しても、仏の目をごまかして浄土に行けるわけはないというのです。[11]

　親鸞の目には、人間はどこまでも虚仮不実の凡夫です。おのれを善人にみせかける人も、またどこかで人の目をごまかし、自己に嘘をつき、偽善に落ちる悪をおかしています。そうであるなら、やめがたいおのれの悪を率直にみつめ、ひたすら阿弥陀仏の慈悲にすがる者こそが、仏の救いの願いにかなうことになります。自力におごって虚仮に生きる善人よりは、おのれの悪を率直にみつめて他力にすがる悪人にこそ、阿弥陀仏の救いの願いにかなうのです。

悪と救い

　そもそも動物にとって存在しない悪が、なぜ人間に存在するのでしょうか。人間は自己意識をもつことから、みずからを永続的に独立した実体である我と思い込んで、我執にとらわれます。そして、我を頼んでおごりたかぶり（我慢）、かたよった考えに固執して他人を受けつけず（偏執）、我欲を振りまわして他人と張りあって争い、貪（むさぼり）・瞋（怒り）・癡（愚かさ）の三毒にまみれた苦界をつくりだします。

　そのような人間がおのれの悪をみつめられるのは、仏の真実の光に照らされ、救いの手を差しのべられるからではないでしょうか。ちょうど子どもが親は自分を絶対に見捨てることがないと信じるからこそ、親の前で自分の悪さを素直にあやまれるように、私たちは仏の救いを信じられるからこそ、心の悪を率直にみつめることができるのでしょう。それが信じられなければ、子どもが悪をひた隠しにするように、私たちはおのれの悪から目を背け、偽善でごまかした虚仮の人生を生きるほかありません。あるいは投げやりになって自暴自棄になるか、悪人を衒って悪となれあい、悪にいなおって底なしの悪の沼に沈むかでしょう。いずれにしても、そこには自分の真実の心と向きあうことはありません。

　仏の救いを信じればこそ、人はおのれの心の悪を率直にみつめ、自分自身に向きあって生きていけるのです。丹羽文雄は「仏は、人間を救う

ものである。人間が根本的に蔵している罪悪によって、仏に救われることになるのだ」と語ります。我欲という根本的な罪悪を背負う人間ゆえに、それを救う仏の誓いが存在し、仏の救いの誓いが存在するゆえに、人間は我欲に迷う凡愚の自己と向きあえるのです。

解毒剤のたとえ

　このような悪人正機の教えを聞いた人には、どんなに悪をおかしても差しさわりがないという造悪無碍の誤解も生まれました。これに対して親鸞は「薬があるからといって、毒を好んではならない」、仏の他力という悪業を消す解毒剤があるからといって、あえて悪の毒を飲んではならないと戒めます。

　親鸞は経典を解釈しながらこう説きます。仏はかつて悟りを求めて永劫の時にわたって、一瞬・一刹那たりともおこたることなく真実の心で菩薩の修行をおこないました。しかし、心がゆるんで悪を思わないではすまされない人間には、そのような修行は不可能です。そこで仏は修行の功徳をすべて人間の救いの因になるように振り向けて廻向し、人間はその他力にすがって救われるのです。

　親鸞は人間がこの世で善をなすのも、悪をなすのも、ともに前世の宿業の働きによるものであり、心のままにはならないものであると説きます。それでも経典を解釈しながら、「身体や口や心に行なう不善の行為は、かならず仏が真実心のなかからお捨てになったところにしたがって、捨てなさい。またもし、身体や口や心に善の行為を起こすときは、かならず仏が真実心のなかで行なわれたところにしたがって行ない」なさい、と説き、凡夫なりに心の届く限りは善をおこない、不善を捨てて、仏の真実心にならいなさいと教えます。

　もし、自分がどんな悪いことをしても、いつもあなたの味方になって救ってあげるという人がいれば、私たちは平気で悪いことができるでしょうか。むしろ、そこまで自分を信じてくれるならば、少しでもそれにこたえられるように心を入れかえようと思うものではないでしょうか。そのようにつねに味方になってくれる人を支えにして、私たちは悪につ

まずき、失敗を繰り返しながらも人生を歩んでいけるのでしょう。

悪人正機の教えは、親鸞の嘘偽りのない人間への凝視に裏打ちされています。そのような目で私たち自身を振り返る時、悪を思わないではすまされない人間とは自分自身の姿ではないでしょうか。そのように受けとる時、悪をやめがたい自己を救う仏の他力に感謝しこそすれ、これが悪を称賛し、勧める教えであるなどと曲解することはないでしょう。

仏の他力のままに

親鸞は自力を頼む心を捨て、一切衆生の救済を誓った仏の他力に任せきる絶対他力の信仰にみずからをゆだねます。阿弥陀仏はみずからの功徳をすべての人の救いの因になるように人々に振り向けて廻向しました。それにすがって浄土に往生することを往相廻向といい、再びこの世に生まれ還って人々を教えて救うことを還相廻向といいます。

仏の功徳は一切衆生を救うために人々にまわし向けられたのですから、それは自分が救われる因になるとともに、他者を救うための因にもなります。このようにみずからが浄土に救われ、再びこの世に戻って人々を救うことは自力でかなうものではなく、すべて仏の他力がさせることであると親鸞は説きます。それは生滅の相のない永遠の静寂の真如の世界に自分が救われ、そこから煩悩のうずまく迷いの世に戻って他者を救い、仏の一切衆生の救いの願いにかなうことです。

親鸞はこのように仏の他力にいだかれた境地を自然法爾、おのずからしからしむ（自然）、仏の救いのままにしからしむ（法爾）と語ります。人間が悪を抱え、悪につまずきながらも生きていけるのは、おのれのはからいによるのではなく、おのずからなる仏の他力の救いにつつまれているからなのでしょう。親鸞にとって念仏はもはや自力でとなえて救いを得るための手段ではなく、仏が人間を救うために称えさせてくれるものであり、仏の救いに感謝する報恩感謝の念仏になります。

大きな他力につつまれて

小説『親鸞』を書いた丹羽文雄は長寿にめぐまれて多くの作品を書き

44　第Ⅰ部　古代・中世の思想

残しますが、晩年に認知症になって家族の介護を受けて過ごします。みずからが小説家だったことも忘れたそうです。親鸞のことを小説に書いたことも、その教えも忘れたことでしょう。しかし、そんな彼にも仏の他力の救いは、介護する家族の姿となってあらわれたのかもしれません。

　人が自力で生きようと努力することは尊いことです。しかし、自力だけで人生を渡りきれると思えば、おごりや偽善におちいってしまいます。他人に甘えてはいけないといわれますが、一方で人間は一人では生きていけないのだから、甘えてよいともいわれます。『歎異抄』を記した弟子の唯円（ゆいえん）は、すべての衆生を救おうと誓った仏の「本願にあまえる心があるからこそ、はじめて、他力をたのむ信心もしっかりと定まることである」といいます。人生でどんな失敗や挫折をしても、自分を救ってくれるものに甘えられてこそ、その救いを信じる心が定まり、それを支えにして人生を歩んでいけるのでしょう。

　人は生まれてから死ぬまで、だれかに、何かにたすけられながら生きています。生老病死（しょうろうびょうし）のなかにあることそのものが、だれかのたすけを必要とします。そのように考える時、私たちはつねに大きな他力につつまれ、いつもだれかにたすけられ、ともに支えあって生きているのではないでしょうか。そのような救いの力にいだかれていることに感謝して日々を歩むことも、人として尊いことだと思われます。そのような救いの力を、親鸞は阿弥陀仏の他力に見出したのではないでしょうか。

思想の風景

親鸞　　自己をみつめるまなざし

悪を犯さざるをえない人間にこそ、仏の救いが与えられるという悪人正機の教えには、嘘偽りなく自己をみつめる親鸞の透徹（とうてつ）したまなざしがあり、さらにそこには人間を見通す仏の目があります。仏の目からみれば虚仮（こけ）の善をみせかけ、悪になずまざるをえない人間には、仏の他力をたのむほかに救いの道はありません。このような人間が背負わざるをえない悪と、その人間をも救いとる仏の広大な慈悲は、私たちが人間をみつめるときの１つの視点になるのではないでしょうか。

6

山河大地心は、山河大地のみなり

道元

瓦を磨く

雨がもれ、雪の吹き込む粗末な草庵で、禅の修行に打ち込む僧がいました。ある日、師が訪れて「そなたは、この頃何をしているか」と問います。弟子は「ただ坐禅をしているだけです」とこたえます。「坐禅をして、どうしようというのか」と問うと、弟子は「坐禅をして仏になろうとするのです」とこたえます。仏になるとは仏道の真理を悟ることです。すると師は瓦のかけらを拾ってきて、それを石にあてて磨きはじめます。弟子が何をしているのですかと問うと、師は「瓦を磨いて鏡にするのじゃ」とこたえます。「瓦を磨いて、どうして鏡にすることができましょうか」というと、師は「坐禅したからといって、どうして仏になることができようか」と答えます。

これは道元の『正法眼蔵』の古鏡の巻に出てくる、中国の禅語録の話です。道元は「塼もし鏡とならずば、人ほとけになるべからず」、瓦を磨いて鏡にならないならば、人も修行をして悟りを開いて仏になることはできない、と説きます。私たちの心はふだんは雑多な想念、欲望や情念の塵にまみれて瓦のように暗くよごれていますが、そのくもった心も磨けば清浄な鏡のような心になり、そこに真実を映しだすことができます。道元は、自力の修行の努力をすればだれでも本来の明るい鏡のような心を取り戻し、真実を悟って仏になることができると説くのです。

私たちがおもむくところ、心はいつでも、どこにでもともなっています。私たちはつねに心を通して物事をみていますが、心そのものはみたり、触れたりはできないものです。心とはいかなるものであり、その心

を磨いて鏡にすれば、そこにどのような風景が映るのでしょうか。

『正法眼蔵』

　道元は鎌倉時代の初めの人です。京で身分の高い貴族の家に生まれますが、出家をして仏道を学びます。宋に渡って禅を学び、越前国（現在の福井県）の山深くに永平寺を開き、日本における曹洞宗の祖となりました。道元がその教えを記したものが、『正法眼蔵』です。

　正法眼蔵とは、仏法の智慧の眼で明らかに照らしみられた真実をすべて包み蔵める正しい教え、つまり仏法の真理という意味です。道元はそのような正法の真理をみつめる眼が、ブッダから代々の仏祖に伝わってきたと説きます。万物の真実をありのままに照らしだす透徹した智慧の眼になりきれるように修行せよ、と道元は教えます。

　道元は仏道とは只管打坐、ただ只管に坐禅に打ち込むことで身心のすべてで体得すべきものと説きます。それは言葉でははかり知れない修行の境地でしょうが、ここでは日常を生きる私たちなりに『正法眼蔵』の言葉から、心とは何かを考えてみたいと思います。

心は不可得である

　道元は心についての誤ったとらえ方を、先尼外道の話をあげて説きます（『即身是仏』の巻）。外道とは仏教以外の教えを指します。古代のインドで先尼という人が人間の霊魂はかわることのない恒常・不滅の我であり、人が家が燃えれば新しい家に移りかわるように、霊魂も肉体が滅びれば新しい肉体に移って永遠にながらえると説きました。しかし、道元は心をこのように常住不変の霊魂としてとらえることを否定します。

　仏教ではこの世に永遠の実体があるとは考えません。実体とは生成消滅するものごとの根底にあって、永遠にかわらない根源的なものを指します。この世のすべてのものごとは因果の関係のなかに生まれ、移りかわり、やがて消え去りますから、無常の世界に永遠不変のものはありえないのです。

　道元は心をこのような実体としてとらえる霊魂不滅説を退け、心不可

6　道元　　47

得、心は得べからず、とらえられないと説きます(『心不可得』の巻)。心はこれである、あれであると、何かのもののようにとらえることのできないものです。道元は「そのいうところの意味は、心をかりに不可得と名づける、そのような心があるというのではない、ただ不可得というのである」、不可得と名づける心があるわけではない、ただ端的に不可得、とらえられないと、徹底して心を何ものかとしてとらえることを否定します。私たちは心を何かの〈もの〉と考えてはならないのです。

而今を生きる

私たちは心とは、未来から過去へと流れる時間のなかで持続する心理的な〈もの〉と思っています。しかし、そもそも時は流れ去るものでしょうか。川の流れは外にいる者からは流れとみえますが、川のなかにいる魚たちにとってはどうでしょうか。私たちはあたかも時間の外に立ってながめるように、時間を流れる客観的な対象と考えますが、私たちはその時間のなかに生きているのです。私たちによって体験され、生きられた時間とは、どのようなものでしょうか。

道元は「時は飛去するとのみ解会すべからず」、時を飛び去るものとのみ理解してはならないと説きます(『有時』の巻)。時とは「而今」、ここの「今」の体験とされます。「昔日かつてここを去り、而今ここより来る」、昨日はここから去りゆき、今日はここよりきます。ここの「今」は過去・現在・未来と直線的に流れる時間のなかの1つの点ではありません。ここの「今」において過去・現在・未来がめぐり、昨日が去って今日が到来し、生が去って死がくることが体験されます。

道元は「心不可得とはどんなことかといわば、生死去来というがよい」と説きます。生死去来とは、時々刻々にものごとが生まれたり、死んだり、去ったり、きたりするありのままの姿です。心は絶えず昨日が去って今日が到来し、ものごとがあらわれては去ってゆく「今」の一念にあります。心はこの「今」の一念を生きることであり、それを流れる客観的な時のなかで持続する〈もの〉と考えてはならないのです。私たちは心を持続する〈もの〉と考えますから、生から死へと移りかわる時に自

分はどうなるのかと不安になり、自分という〈もの〉が消滅する死を恐れます。しかし、「今」の一念が心ですから、生ならば生、死ならば死、その時その時の「今」を心いっぱいに体験するしかないのです。「生も一時のくらゐなり、死も一時のくらゐなり」、生はその時のありよう、死もその時のありようで、その前とあとの際は「際断」、断ち切れていると説かれます。心が不可得であるとは、ものごとが生死去来する「今」、日常の行住坐臥の「而今」を真摯に生きることなのでしょう。

空の心

　このような心は空であると説かれます。空は何も無いという意味ではありません。この世のものを恒常的な実体のような有と思い込むことを否定し、〈もの〉に執着する迷いから抜け出すことです。色即是空、この世にあらわれた形あるもの（色）は、時のなかで生滅する実体なきもの（空）です。しかし、空即是色、空のなかで原因や条件、因縁が結びついて形あるもの（色）があらわれます。その形あるものはそのまま空なるものであり、ここの「今」に刹那、刹那にあらわれたものを、それ自体で永続する〈もの〉と思い込んで執着の対象にしてはならないのです。

　私たちはこの世の富や地位に執着しますから、それらを失うことをおそれ、ましてや自分を失う死は最大の恐怖になります。空の教えはそもそも失うものは何もないと悟り、〈もの〉への執着心から解放されて、何事にもとらわれない自由自在の心で生きることを教えるものです。「空裏一片石」、空のなかにあらわれた一片の石がそのまま空です（『仏性』の巻）。不可得の心とは、このような空の心に生きることなのでしょう。

万物を映す鏡

　このような空の心に万物の風景がありのままに映ります。「人が悟りをうるのは、水に月の映るようなものである。月もぬれない、水もわれない。月は広大な光であるが、盆ほどの水にやどり、月天のことごとくが、草の露にもやどり、一滴の水にもやどる」（『現成公案』の巻）。天空の月が草の露にも一滴の水にもやどるように、万物は私たちの心にあり

のままに映ります。月は心にさえぎられることなくそのまま映り、心もまた月とぶつかってこわれることはありません。空の世界では月も心もありのままに安らかです。

　道元はこのような心を鏡として表現します（『古鏡』の巻）。鏡はみずからのくもりをぬぐいさって無になるからこそ、そこに万物の風景をありのままに映しだすことができます。そのように心は空だからこそ、そこに万物の風景が鮮やかに映しだされます。もし、心が何かの〈もの〉であれば、万物とぶつかってそれを映しだすさまたげになってしまいます。

　道元は「先ず須らく我慢を除くべし」、まず心から我慢を取り除けと説きます。仏教では我慢とは我をよりどころとして思い上がり、慢心するという意味です。我慢におおわれて瓦のようにくもった心を磨き、本来の明らかな鏡にすれば、そこに真実が映るのです。

　しかし、鏡という〈もの〉がどこかにあるわけではありません。鏡はそこにあらわれた風景そのものであり、映し出された世界の風景がそのまま一面の鏡です。心を磨くとは、世界の風景そのものからくもりをとりのぞくことなのでしょう。どこまでも心不可得です。

「山河大地心は、山河大地のみなり」

　道元は「妙浄明心とはいったい何か。山河大地であり、日月星辰である」、我慢を取り除いた浄く明るい心は山河大地、日月星辰そのものであると語ります（『即心是仏』の巻）。そして、この言葉でもって心は過不足なく言い表されていると説きます。心はそこに映しだされた山河大地、日月星辰そのものであり、それ以外のなに〈もの〉でもありません。「山河大地心は、山河大地のみなり。さらに波浪なし、風煙なし。日月星辰心は、日月星辰のみなり。さらにきりなし、かすみなし」。山河大地を映しだす心は、山河大地以外の何ものでもなく、そこに余分な波浪や風煙はありません。虚空の心に山河大地は塵もくもりもなくありのままにあらわれ、「八面玲瓏」、どこからみても透き通って明らかです（『虚空』の巻）。万物がありのままにあらわれる働きそのものが、心です。

　一方で、心にあらわれた山河大地もまた、そのままの山河大地です。

心の外のどこかに山河大地が存在し、それが心にやってきて映るわけではありません。そのように心（主観）と世界（客観）をわける分別は、ここでは脱け落ちています。心に映るままの山河大地が山河大地のすべてであり、その山河大地が心のすべてです。山河大地・日月星辰から牆壁瓦礫（土壁・瓦・小石）までの森羅万象のあらわれが、そのまま心です。道元はこれを「一心一切法、一切法一心なり」、心が万物のあらわれのすべてであり、万物のあらわれのすべてが心であると説きます。

　私たちは心というと個人の内面の心理作用のように思いますが、もし、そうだとすれば人の数だけ心があり、その外に映しだされる世界があることになって、心と世界の対立におちいります。それでは、心と世界を２つの〈もの〉と考えることになります。そのように外に物理的な世界があって、内に心理的な心があるのではなく、世界そのものがみずからを映しだす一面の鏡のようなものです。世界という大きな鏡の働きが先立ち、私たちはその世界という一面の鏡をみずからの心として、そこに映しだされた風景をながめています。その鏡には山河大地・牆壁瓦礫のみならず私たち自身も映しだされ、そこで私たちは自分自身に出あい、みずからをもみつめることもできるのでしょう。

現象学とありのままの世界

　道元は世界が何ものも隠すことなく明らかにあらわれていることを、「徧界不曾蔵」、徧界、曾て蔵さずと説きます（『仏性』の巻）。遍き世界はいささかも秘密を隠すことなく、つねに明々白々にあらわになっています。全世界は真実にあるがままに心にあらわれ、その背後に何かが隠されているわけではありません。心にあらわれたままが世界の真実です。

　西洋において意識にあらわれるままの現象をとらえようとする哲学が、ドイツの哲学者フッサールに始まる現象学です。私たちは普段、意識の外に〈もの〉がそれ自体で物理的に存在しており、それが感覚を通して私の意識にあらわれると考えています。しかし、そのように主観（意識）と客観（物）をわけたのでは、私に意識された〈もの〉と外界にある〈もの〉とが本当に一致しているのか、だれが第三者的立場からその２つを比較

して確かめるのかという問題がおこります。現象学はそのような日常的な思い込みをいったん「判断停止」（エポケー）して保留し、意識にあらわれたままの現象が真にある〈もの〉と考えます。意識と現象はつねに表裏一体に相関しており、意識にあらわれたままの現象が世界の真実です。ここにはものごとは隠れなく「現成」、あらわれるという「徧界不曾蔵」の教えに通じるものがあるように思われます。

餅売りの老婆

　道元は『正法眼蔵』でこんな話をします。『金剛般若経』を研究しつくした学僧が、旅の途中で餅売りの老婆に出あいます。餅を買おうとすると、老婆が餅を買ってどうするのかと問うので、僧は餅で「心を点ずる」、食べて空腹の心を軽く満たすのだとこたえます。すると老婆は、『金剛般若経』では過去・現在・未来の心不可得と説かれているが、あなたはこの餅でどの心を点じるのかと問います。僧は茫然として答えにつまり、老婆は袖を払って去って行ったという話です（『心不可得』の巻）。

　これは理屈で考えてはいけない禅問答でしょうが、少し考えてみます。老婆の問いは手につかんで食べる餅で、不可得の心をどのように満たすのかというものでしょう。つかまえることのできる餅で、つかまえられない空の心は満たしようがありません。しかし、一方に不可得、つかまえられない空の心があり、他方につかまえられる餅があると分別するから、とまどってしまうのでしょう。不可得の心に餅があらわれ、そこにあらわれた餅もまた不可得です。ならばあちらに餅があり、こちらに心があると分別することなく、不可得の心にあらわれたままの餅をつかんで、そのまま食べればよいだけのことではないでしょうか。それ以上でも、それ以下でもありません。何の分別にもとらわれずに自由自在です。学僧は頭のなかの学問ばかりで「心不可得」という分別にとらわれて、餅が食べられないのでしょう。

　道元の答えは、みなさんがお読みになって考えてみてください。一部を紹介すれば、老婆は僧に説いて餅を3つ差しだし、僧がとろうと手を出した時、過去・現在・未来の心不可得といい、僧がためらえば餅で僧

を引っぱたき、「この魂のぬけた屍めが、なにをぼんやりしているのだ」といえばよいと、活溌溌地とした禅の世界の光景を語っています。

禅の悟りは日常の思い込みを迷いとして捨て去りますが、だからといって別世界に行くわけではありません。色即是空、色に執着することを迷いとして捨て去って、空即是色、何にもとらわれない自由自在の心でありのままに平常の世界にのぞむのです。平常とはものごとがあらわれ、去ってゆくここの「今」です。そのような平常心で食べた餅はどんな味がするのでしょうか、ふだんと同じでしょうか、違うのでしょうか。

1個の明珠の世界

道元は世界を1個の明るい透明な珠と表現します。「尽十方世界は、これ一顆の明珠である」、十方に広がる世界は1個の明るい透き通った珠です(『一顆明珠』の巻)。その明るい透き通った珠のような世界に、あらゆるものが隠れなく明々白々にあらわれます。万物が存在するということは、その透き通った明珠にあらわれることであり、その透徹した明珠の世界を私たちはみずからの心としているのです。

「愛せざらんや、明珠かくのごとくの彩光きはまりなきなり」、明珠に映しだされた彩と光に満ちた美しい世界を愛さないでおれようかと、道元は語ります。底まで透き通った明珠の世界に、万物が彩光に満ちて明々白々にあらわれます。真実はどこかに隠されているのではなく、私たちの心に映るままにあらわれています。この明珠の世界と私たちの身心が1つになる時、全身が透明な明珠のような真実体になり、全身が光明を放って明らかになり、一点の差しさわりもなくまろやかに転がっていく、と道元は説きます。そのような我慢や分別にさまたげられない、円転自在の境地が、身も心も解き放って真実と一体となった身心脱落の悟りなのでしょう。道元はこのような愛すべき世界をほかにして何を求めるのか、この彩光に満ちた世界そのものが仏の命であると説きます。

世界の自覚としての心

ある仏教学の碩学は、このような境地を「永遠の透明な自覚体」と語

っています。自覚とは外に表現されたものに自己をみつめることですから、自覚体とはみずからの表現体になることです。心が透明な虚空のままならば、自覚は生まれません。その虚空に山河大地・日月星辰の森羅万象があらわれて、はじめて心はみずからを自覚するもの、すなわち世界の自覚体になります。透徹した明珠、曇りなき古鏡のような世界に彩光に満ちた風景があらわれる時、世界はみずからをありのままに映しだす自覚体になるのです。その世界がみずからを表現して自覚する働きそのものが心であり、私たちはその世界の自覚体に参与し、それをみずからの心としているのです。それは私が何かを自覚するのではなく、世界がみずからを表現して自覚する働きに、私があずかっているのです。

　私という存在は去りゆきますが、私が参与している透明な世界の自覚体は、ここの「今」において不滅のものでしょう。この永遠の自覚体を語った碩学は、退官する時の最後の講義でこんど生まれかわったら海辺の大きな松になって、海をみつめていたいと語ったとのちに聞きました。海辺の松もまた、世界の自覚体に静かに参与しているのでしょう。

仏の命

　道元は光彩きわまりない豊饒な世界を、仏の命と呼びます。私たちの生死は、その豊かな仏の命にいだかれています。「この生死は、すなはち仏の御いのちなり。これをいとひすてんとすれば、すなはち仏の御いのちをうしなはんとする也。これにとどまりて生死に著（執着）すれば、これも仏のいのちをうしなふ也……いとふことなく、したふことなき、このときはじめて仏のこころにいる。ただし、心を以てはかることなかれ、ことばをもっていふことなかれ。ただわが身をも心をもはなちわすれて、仏のいへになげいれて、仏のかたよりおこなはれて（働きかけられて）、これにしたがひもてゆくとき、ちからをもいれず、こころをもつひやせずして、生死をはなれ、仏となる」（『生死』の巻）。

　私たちの生死がそのまま仏の命です。何のはからいももたず、厭うこともなく、執着することもなく、身も心も忘れてただ仏に任せ、仏の方から働きかけてもらい、これに従っていけば、自然に生死の煩いから離

れて悟りを開いて仏の命と一つになれる、と説かれます。

　道元は、はてしなく空を飛ぶ鳥が空を出ればたちまち死に、どこまで
も水を泳ぐ魚が水を出ればたちどころに死ぬように、空を飛ぶ鳥にとっ
ては空が命であり、水を泳ぐ魚にとっては水が命であると説きます（『現
成公案』の巻）。それと同じように、私たちはつねに仏の命のなかにあり、
仏の命をみずからの命として生きており、そこから外に飛びだしては生
きられません。山河大地、日月星辰から牆壁瓦礫までのすべてがそのま
ま仏の命の世界であり、私たちは自ずからなる仏の命を自らの命として
生きており、その命の世界に映る風景が心なのでしょう。

　この『生死』の巻の制作年は不明ですが、道元の晩年の作とも推測さ
れています。晩年に病を得た道元は永平寺を出て、生まれ育った京の都
で54歳で世を去ります。『生死』からはもう何も求めることもなく、そ
の必要もなく、すべてを仏の命にゆだねきった道元の心境が伝わってく
るようです。日々の生活で仏の命の世界に生かされていることに感謝し、
その命を心いっぱいに生きてまっとうすることができれば、それは人と
して幸せなことではないでしょうか。

思 想 の 風 景

道元　　空を飛ぶ鳥、水に泳ぐ魚

私たちは心を通して人生の風景をみていますが、心そのものをみることはできま
せん。道元は心は不可得、何ものかとしてとらえることはできないと説きます。
現代の私たちは心を内面の心理作用と考えますが、道元は世界の風景が映し出さ
れる一枚の鏡と説きます。世界そのものがみずからを映し出す大きな一面の鏡で
あり、私たちはその鏡の働きをみずからの心にしているのです。それは世界が
明々白々にあらわれて自覚されることであり、私の心はその世界の自覚の働きに
参与しているのではないでしょうか。道元は彩光に満ちた風景の世界を、仏の命
といいます。鳥が空を飛び、魚が水を泳ぐように、私たちはこの仏の命の世界の
なかに生かされています。この大きな仏の命の世界に身も心も解き放ち、それに
自分をゆだねてみてはどうでしょうか。

▼
7

この土を捨てて
何れの土を願ふべきや

日蓮

『代表的日本人』

　明治期のキリスト者内村鑑三は、『代表的日本人』のなかで５人の日本人を紹介しています。この本は英語で書かれ、日本の誇れる先人たちを欧米に紹介したものです。そのなかに日蓮が登場します。キリスト者である内村が日蓮を取り上げるのは意外のようにも思いますが、そこには信仰に生きる人間をみつめる内村の視線があります。

　内村は日蓮の戦闘的ともいえる口調から、13世紀という古い時代の「衣装」や、批判的知識の欠如、生来の気質などを取り去れば、「そこに残るのは、しんそこ誠実な人間、もっとも正直な人間、日本人のなかで、このうえなく勇敢な人間であります」と語ります。日蓮はその生涯で多くの迫害にあいますが、死の恐怖をものともせずにみずからの信仰をつらぬき、布教に邁進します。内村は日蓮のその勇気は、仏の教えを世に広めるために遣わされた使者であるという自覚から生まれたと考えます。「最高の自尊心とは、果たすために送られた使命の価値によって、自分の価値を知ることであります」。そのような使命感にもとづく「自尊心」から、法華経の行者としての日蓮の強い気持ちが生まれ、それが幕府の権威に臆することなく直言し、また、ほかの宗派を否定する強い語気となってあらわれます。

　内村はみずからの信じる使命に誠実・正直・勇敢であることに、「代表的日本人」の１つの典型をみます。それはまた武士の家に生まれ、武士道の清廉・正義・勇気の精神にキリスト教を「接ぎ木」したと語る内

56　第Ⅰ部　古代・中世の思想

村自身のめざす人間像でもあります。内村は「まさに一人のサムライの子として、私にふさわしい精神は自尊と独立であり、狡猾な駆け引き、表裏のある不誠実は憎悪すべきものであります」と語ります。そのようなところが、日蓮の使命感にもとづく勇気と誠実への共感を生んだのでしょう。

法華経への信仰

　日蓮は鎌倉時代、安房国(現在の千葉県南部)の小湊で漁師の子として生まれます。出家して鎌倉や比叡山などで仏教を学び、『法華経』こそ、仏の究極の教えを説く経典であると確信します。『法華経』は『妙法蓮華経』とも呼ばれ、泥のなかから美しい蓮の花が咲くように、苦難に満ちた現実のなかから白蓮のように正しく優れた教え(妙法)の花が開くという意味です。

　32歳の時、故郷に帰った日蓮は題目をとなえて立宗を宣言します。内村鑑三は、その姿をつぎのように描いています。「バラ色の太陽が、東の水平線上に、姿をなかば現したとき、日蓮は、広がる太平洋にのぞむ断崖に立ちました。前方の海と後方の山、その海山をとおして全宇宙に向かい、みずから作りあげた祈りをくり返しました。その祈りは、あらゆる人々を沈黙させ、日蓮に従う者には地の果てにいたるまで永遠の合言葉になるものでした。仏教の真髄と、人間と宇宙の法を具有する祈りでありました。「南無妙法蓮華経」、つまり白蓮の妙なる法の教えにつつしんで帰依する、という意味の言葉であります」。

　このような唱題は、仏の究極の真理があますところなく説かれている『法華経』への信仰をあらわすものです。日蓮は海や山に囲まれ、全身で「全宇宙」を感じながら題目をとなえます。「人間と宇宙の法(真理の教え)」を備える祈りのなかで、宇宙に広がる仏の命と日蓮の命が共鳴して1つになります。題目をとなえることによってめざめる、人間と宇宙の真理の法とはどのようなものでしょうか。

宇宙の真理としての仏

　仏教は古代インドで釈迦族のガウタマ＝シッダールタの説いた教え に始まります。その教えをもとに発展した大乗仏教においては、仏とは 生成消滅するこの世の姿をこえた、永遠の真理そのものとされます。仏 教では真理は法と呼ばれますから、それは法を身体とする仏という意味 で法身仏と呼ばれます。

　大乗仏教では、このような永遠の法身仏がこの世に仮の姿をとってあ らわれ、人々に真理を説いて救うとされます。ガウタマ＝シッダルータ もこのような宇宙の永遠の真理を悟ってブッダ、真理にめざめた人、覚 者になったのです。それは永遠の真理がこの世で教えを説く人の姿をと ってあらわれたのであり、大乗仏教では、過去から未来にわたって数限 りないブッダが出現するとされます。

　このように大乗仏教における宇宙の真理は、人々に真理を教えて迷い から救う人格的生命をもつものとされます。宇宙の真理は死せるもので はなく、人々を真理にめざめさせる仏の命の活動なのです。日蓮はみず からのうちにそのような仏の命の働きを感じとり、そこから発する仏の 真理の言葉として『法華経』への信仰を深めたのでしょう。

　現代人には、このようなことは真理を擬人化するプリミティブ（原始 的）な考えに思われるかもしれません。しかし、宇宙に真理があるとす れば、それにもとづいてこの宇宙の一角に命が誕生し、私たちが今、こ こに生きているわけですから、命の根源である宇宙の真理に畏敬の念を もつことも自然なことかもしれません。

すべての人に仏性あり

　大乗仏教において宇宙の永遠の真理を悟れば、それと一体になって仏 に成る、すなわち成仏することができると説かれます。その真理を悟っ て成仏する可能性を、仏性といい、大乗経典の『涅槃経』では「一切衆 生悉有仏性」、一切の衆生には悉く仏性有り、すべての命あるものは仏 になる可能性、仏性を備えていると説かれます。仏教ではこの世での成 仏や、死後の成仏が説かれますが、日蓮は『法華経』を信じれば、この

58　第Ⅰ部　古代・中世の思想

現実の世界で生きた身のまま仏の真理にめざめて成仏できると説きます。

　日蓮にとって題目をとなえることは、そのような仏性を呼びおこす実践です。『法華初心成仏抄』では、「我が己心の妙法蓮華経を本尊と崇めたてまつつて、我が己心の中の仏性を南無妙法蓮華経と呼び呼ばれてあらわれるところを仏というのである。たとえば、籠の中の鳥が鳴けば、空を飛ぶ鳥が呼ばれて集まるようなものである。空を飛ぶ鳥が集まれば、籠の中の鳥も出ようとする。口に妙法を呼びたてまつれば、我が身の仏性も呼ばれて必ずあらわれる。梵天や帝釈の仏性は呼ばれて我らを守る。仏や菩薩の仏性は呼ばれて喜ばれる」と説かれます。唱題は仏の真理の教えである法華経を本尊とあがめ、心に備わる仏性を呼びおこす宗教的な実践なのです。「南無妙法蓮華経」ととなえることは、みずからのうちに仏の命があることにめざめ、宇宙に遍在する仏の永遠の命と一体になって生きることといえるかもしれません。

１日の命を生きる

　現代人は自分を中心に物事をみて、命も自分の所有物のようにみなします。仏教では真実を逆さまにみる誤った見解を顛倒といいますが、命からめざめた自己の意識が、その命をみずからの所有物のようにみなすことは、真実を逆さまにした顛倒ではないでしょうか。与えられた命から、その自覚の働きとして私の意識がめざめてきたのが真実でしょう。

　日蓮はある病気の女性の信者にあてた手紙で、「一日の命は三千界の財にもすぎて候なり」と書いています。今日の１日の命を生きることは、全宇宙の財宝にもまさる、このうえもなく尊いものです。人は病気になると心も弱るものですが、日蓮は仏から与えられた命の力を信じ、今日の１日を生きることの尊さを教えて、病気の女性を励ましたのでしょう。日蓮は医者の治療を受け、『法華経』を信じる心があれば、「病気をいやすことが、寿命をのばすことができないはずはないと、強く心に決めて、養生をし、心の不安をとり除きなさい」と教えます。現代においても医療は命のもつ自然な治癒力を引きだすもので、本人が希望と気力を失わないことが生命力を高める要因の１つになるといわれます。

このように信者にあてた手紙には、日蓮の心のゆき届いた愛情の深さがあらわれています。仏の永遠の命は一人ひとりに備わり、私たちはその大いなる仏の命に生かされています。日蓮が説く成仏とはみずからのなかに働く仏の命にめざめ、「生かされている」ことに感謝しつつ、その仏の命と一体となって一日一日を力強く「生きる」ことなのでしょう。

仏の永遠の命

　『法華経』の如来寿量品には、永遠の寿命をもつ仏の教えが説かれます。数限りない衆生に囲まれて、釈迦はこのように説きます。「我、成仏してより已来、甚だ大いに久遠なり。寿命は無量阿僧祇劫なり。常住にして滅せず」、私が悟りを開いて仏となってから今に至るまで、きわめて久しい時がたっている、私の寿命ははかり知れないほどの無数の劫数であり、私はつねに存在しており、滅することはないと説かれます。

　劫とは果てしなく永い時をあらわします。四方が数キロメートルもある巨大な石を、百年に１度、薄い布でなで、その摩滅によって石がなくなるまでの時間と説かれます。釈迦は自分が悟りを開いてから、すべての世界を粉砕して微塵にし、その１つの塵を一劫と数えたよりも多くの時間が過ぎ去っていると説きます。永遠といってもよい無限に永い時間です。このような仏は、久遠の昔に悟りを開いて教えを説き続けている久遠実成の仏と呼ばれます。

　まわりのすべての人々は驚きます。自分たちが今、目にしているのは出家して35歳で悟りを開き、今まで40余年教えを説いてきた釈迦その人であると思っているのに、その釈迦が果てしなく遠い昔から教えを説き続けているというのです。そのわけを釈迦はこのように説きます。もし仏がいつまでも世にあると思うと、人々はいつでも仏にあえると思って怠け心をおこし、その教えを学ぼうとしません。そこで仏は人々を教えるための手立て、方便として、仮にこの世を去って入滅する姿をあらわし、人々に仏にはあうことが難しいものだと思わせ、熱心に仏の教えを学ぶ気持ちをおこさせるのです。このように永遠の寿命をもつ久遠の仏が、人々に教えを説く手立てとして仮にこの世にあらわれ、そして入滅

する姿を示すのです。

ありのままの永遠の世界

　仏は真実のままに如実にあらわれ来るものという意味で、如来とも呼ばれます。如来は相手に応じて様々に工夫して教えを説きますが、それらの方便はすべて永遠の真理にもとづくものです。「(仏が)説くさまざまな教えは、すべて真実であって、いつわりではない。それはなぜであるかといえば、如来は、その智慧によって、三界のありさまをありのままに見るからである。すなわち、(三界には)生まれたり、死んだりすることはなく、あるいは、消滅したり、出現したりすることもなく、また世に存するとか、涅槃するということもない」と説かれます。

　ありのままに真実をみる如来の智慧の目からは、世界にはものごとの生滅の相はなく、常住する永遠のものなのです。人間の目には生滅すると映るこの世も、その本来のあり方は常住不滅、つねにかわることのない静かで永遠のものです。それは海の表面には波浪が立ち騒ぐものの、海の底は静かにかわることがないようなものでしょうか。

　人間は仏の永遠の命の世界にいだかれ、いつでも仏にまみえ、その教えを聞くことができるのですが、ものごとの生滅の相にとらわれ、それに心を奪われて生死に迷う世界しかみえていないのです。世界のありさまを如実にみる仏の深い目を備えれば、つねに仏の永遠の命につつまれて生きている真実がみえるのです。では、このような仏の永遠の命の世界は、どのように見出せばよいのでしょうか。

心に十の世界をみつめる

　日蓮は心の一念には三千の世界があり、みずからの心のなかに地獄の世界から仏の世界までが備わっていることを観よと説きます。「観心とは、自分の心を観察して、〔その心の中に本来そなわっている、仏界から地獄界までの〕十界を見つめることである」。十法界(十界)とは地獄界・餓鬼界・畜生界・修羅界・人界・天界の六道と呼ばれる迷いの世界と、声聞界・縁覚界・菩薩界・仏界の四聖と呼ばれる悟りの世界をあわせた

十の世界です。

　日蓮は人の顔の面にあらわれる心の怒り・貪り・愚かさ・へつらい・よろこび・平静をみれば、六道の世界が心に備わっていることがわかると説きます。怒りは地獄界、貪欲は餓鬼界、愚かさは畜生界、へつらいは修羅界、よろこびは天界、平静は人界のあらわれです。さらに心には悟りを開く素質である仏性が備わっていますから、悟りの世界も心にあります。このように日蓮はすべての人の心には、十界が相互に関わりあって備わっているという十界互具を説きます。迷いの世界も悟りの世界も、ともに心に備わっています。だから正しい教えを信じ、心をよい方向に向けて行動や態度にあらわせば、仏の力にたすけられて、今、ここに仏の理想の世界、仏国土を実現することができるのです。

「この土を捨てて何れの土を願ふべきや」

　仏教ではこの世の悪や苦しみから浄化された、永遠の幸せに満ちた理想世界を浄土といいます。その浄土はどこに願えばよいのかという問いに、日蓮はこの現実の世界こそが浄土であるとこたえます。その理由として『法華経』のなかで、仏が「私はつねにこの娑婆世界にいる」、「私はつねにここにとどまっている」「私のこの国土は安穏である」と説いていることをあげます。

　娑婆とはサハー、たえ忍ぶという意味です。私たちには苦しみにたえる娑婆世界も、仏の目からは安穏、安らかで穏やかな浄土なのです。日蓮はこの世に仏が永遠に住むのであるから、「この土を捨てて何れの土を願ふべきや」、この国土を捨てて、ほかにどこを願うのかと説きます。そして、法華経を信じて修行する者は、今いる所を浄土と思い定めるべきであると説きます。

　日蓮は『法華経』のなかに、この経典を受持し、読誦し、解説し、書写して経説の通りに修行するならば、「あるいは経巻が置かれている所、あるいは林園の中にせよ、あるいは林の中にせよ、あるいは樹下にせよ、あるいは僧房にせよ、あるいは在家の人の宅舎にせよ、あるいは殿堂に

あっても、あるいは山谷や曠野にせよ……知るがよい、この場所はさと
りの場所にほかならない」と説かれていることをあげます。仏たちはこ
こで悟りを開き、教えを説き、入滅したのですから、仏が悟りを開いた
「道場」にほかならないこの場所こそが、私たちが真理を悟って生きる
べき場なのです。ちなみに『法華経』のこの経文は、道元が死の前に誦
して柱に書きつけたと伝えられています。

菩薩の生き方

　大乗仏教ではみずからの悟りを求める自利とともに、人々を救う利他
に励む修行者を菩薩と呼びます。菩提(真理)を求める人という意味で、
大乗仏教における人間の理想像とされます。『法華経』は古代インドで
菩薩の自覚をもつ在家信者の集団が中心になってつくられたとされ、と
りわけこの世で菩薩の生き方を実践することが重んじられます。

　『法華経』に常不軽菩薩の話があります。彼はあう人ごとに「私は深
くあなたを敬います。あなどり心で軽んじるというめったなことは致し
ません。なぜかといえば、あなた方はみな菩薩の道を修行して、必ずや
仏となることができるからです」といいます。人々がうるさがってのの
しり、杖や石で打っても走って逃げて、遠くから声高に「私はあなた方
を軽んじたりするようなことは致しません。あなた方は、みな必ずや仏
となられるでしょう」というので、常不軽と名づけられたという話です。

　『法華経』ではこの経典を聞法受持する、教えを聞いて心にしっかり
と受けとめ、仏を信じれば、だれでも悟りを開いて仏になれると説かれ
ます。菩薩はすべての人が備える仏になる可能性、仏性を敬います。そ
して、そのような教えを説いたために人からののしられ、辱められても、
「柔和忍辱の心」「忍辱の鎧」を身につけて人々に優しく接し、侮辱をた
え忍ぼうと誓います。たびかさなる迫害にも屈しない日蓮の強靭な精神
には、このような菩薩としての自覚があります。

　『法華経』では、大地の底から涌き出る無数の地涌の菩薩について説
かれます。世の中はそのような目立たないところで菩薩の生き方をする
数限りない人々によって支えられています。私たちに救いの手を差しの

7　日蓮　　63

べてくれる人は、みなこのような菩薩のあらわれといえないでしょうか。内村鑑三が語ったように、みずからの使命感の高さが人間としての高さの意識、自尊心につながるならば、菩薩の生き方はそのような人々の使命感の高さによって支えられています。『法華経』の世界では、私たちはみな菩薩になって、それぞれの持ち場でこの世に幸福に満ちた仏の国を実現するために働いているのです。

『業の花びら』

　『法華経』をあつく信仰した詩人・童話作家の宮澤賢治に、『業の花びら』という詩があります。「夜の湿気と風がさびしくいりまじり　松ややなぎの林はくろく　そらには暗い業の花びらがいっぱいで　わたくしは神々の名を録したことから　はげしく寒くふるへてゐる」。暗い林の梢のむこうに、夜空に輝く星の群れがみえます。賢治にはその星の群れが、果てしない過去の業によってこの世にあらわれた命の花びらにみえたのでしょう。仏教では業とは過去のおこないが積み重なって、未来のあり方を決める原因になるものを指します。果てしない過去から続く業の営みによって、この世に命が生まれ、無数の命の花びらが咲きます。

　私たちの命は過去から未来の命へとつながり、今、ここにあらわれています。そのように過去・現在・未来にわたって結ばれた命の花が、夜空に輝く星の群れのようにこの世に満ちているのです。そして、その無数の命の花びらの奥底に、賢治は果てしない過去から永遠に人々を教え続ける久遠の仏の命を感じとったのでしょう。

　仏の命は私たち一人ひとりを生かすものですから、仏をみるということはみずからの命の根源をみることであり、自分が仏の命に生かされていることにめざめることです。賢治は星の群れの奥底にそのような仏の永遠の命をみて、その命に生かされていることに体が震えるような心の高まりを覚え、「神々の名を録した」、それを心に刻み込んだのでしょう。「ああ誰か来てわたくしに云へ　億の巨匠が並んで生れ　しかも互ひに相犯さない　明るい世界はかならず来ると」。賢治はこの世にすぐれた巨匠があらわれ、たがいに手をたずさえてこの世を幸せにする仕事に

64　第Ⅰ部　古代・中世の思想

いそしむ「明るい世界」を希求します。「遠くでさぎがないてゐる　夜どほし赤い眼を燃して　つめたい沼に立ち通すのか……」。冷たい夜の沼に立ち通すサギのような孤独のなかで、賢治はやがて夜が明け、「億の巨匠」があらわれて、ともに幸福をつくりだす「明るい世界」がくることを願います。賢治はその希望を『法華経』の信仰に見出したのでしょう。

天人常に充満せり

　『法華経』には、「我が此の土は安隠にして、天人常に充満せり　園林・諸の堂閣　種種の宝をもって荘厳し　宝樹、花果多くして　衆生の遊楽する所なり」という美しい教えがあります。天には太鼓がなり響き、妙なる音楽が流れ、天から美しい花びらがふりそそぎ、天人が満ちています。凡夫の目には恐怖や苦悩に満ちていると映るこの世界も、仏の目からみれば、このような永遠の幸せに満ちた世界なのです。

　日蓮はこの現実の世において安穏な仏国土を建設するべきことを説きます。それは賢治の希求した、「億の巨匠」があらわれて幸福をつくる「明るい世界」でもあるでしょう。天人がつねに充満する安穏な「浄土」や、宮澤賢治が希求した億の巨匠があらわれる「明るい世界」は、現代において私たちがめざしている、すべての人が幸福に生きることができる平和で安らかな社会を象徴しているのではないでしょうか。

思想の風景

日蓮　　今日の一日の命

私たちは命を与えられて、今、ここに生きています。その命の根源を仏と呼ぶならば、仏とはかなたに求めるものではなく、自分のなかからわき起こる命の力を通してみつめるものなのでしょう。日蓮は、命とは世界のいかなる財にもまさって尊いものであると説きます。そのいかなる財にもまさる今日一日の命を大切に生きることが、この世に命を与えられた者の務めでしょう。命の源から与えられた自己の命を十二分に生き切ることが、命に目覚めた私たち人間の仕事なのです。

8

世はさだめなきこそ、いみじけれ

兼好法師

生の山・死の山

　秋田と山形の県境にそびえる鳥海山は、雄大な裾野を日本海へと引きながら、かなたの月山と向きあっています。森敦の短編集『鳥海山』では鳥海山は生の山、月山は死の山と語られます。その地の宿で隣りあった行商人が、このあたりの山はみな死の山、仏の山で、昔、たがいに争って亡ぼされた鳥海山は、月山から生の山、神の山にされてしまったという話をします。相手の商人は「わからねえの。おらた（おらたち）はいずれは死なねばなんねえ。そげだいうのに、なしてわァ（われ）と死の山になるために、亡ぼされるほどの争いをしねばなんねんでろ」といいます。

　作者は「もし鳥海山がやむなく生の山にされたのなら、いつまた死の山になっているかもしれぬ。われわれは生の山へと行くつもりで、いつとなく死ぬではないか」と語ります。私たちは人生という生の山へとわけ入りながら、いつしか死へと向かう道を歩んでおり、そして、目前に死の山を仰げば、そこから生へと回帰する道が通じているのかもしれません。そのように生と死はひそかにやりとりをし、生の山の鳥海山と、死の山の月山は対峙しながらそびえ立っているのです。

　私たちの日々の生活や世間のざわめきの底には、通奏低音のように死が低く静かに響いています。兼好法師の『徒然草』も、またつねに差しせまる死の響きを耳にしながら、無常の人生をいかに生きるかについて語ります。

メメント・モリ

　兼好は13世紀の末に、京都で神社の神職の家に生まれました。下級の官職につき、また、歌人として貴族社会に出入りし、30歳頃には出家して自由な立場になったとされます。郊外の庵にこもる時期もありましたが、生活の糧を得る必要もあったのでしょう、京の街で世間とまじわりながらシンプルに暮らす隠者の生活を送ります。出家したとはいえみずからの生活感覚にかなった自適のライフスタイルを選ぶところは、『徒然草』のとらわれのない自在の文体につながるように思われます。

　『徒然草』には、中世の人の心をとらえた仏教の無常観が色濃くあらわれています。兼好は「人はたゞ、無常の身に迫りぬる事を心にひしとかけて、束の間も忘るまじきなり」（第49段）と語ります。無常が身にせまるとは死のことです。それは沖に広がる干潟をながめているうちに、まわりから潮が満ちてきて、気がつけば海のなかにとり残されるようなものです。「死は前よりしも来らず、かねて後に迫れり」（第155段）、死は私たちの背後からせまり、不意に今、到来するのです。

　メメント・モリ（memento mori）、死をつねに心に刻み込めというラテン語の箴言があります。中世のヨーロッパでペストが流行して多くの犠牲者が出る惨禍のなかで、世俗の快楽・富・名誉のむなしさを説くキリスト教の教えを背景に、人々の心に浸透しました。兼好もまたせまりくる死に向きあいながら、いかに無常迅速の人生を生きるかについて考えます。

「世はさだめなきこそ、いみじけれ」

　歌人としての感性を備えていた兼好は、この世は移りゆく無常のものであるからこそ、深い味わいがあると語ります。「あだし野の露きゆる時なく、鳥部山の烟立ちさらでのみ（消えさらないで）住みはつる（住み通す）習ひならば、いかに、もののあはれもなからん。世はさだめなきこそ、いみじけれ」（第7段）。かつて墓地のあった嵯峨のあだし野に結ぶ露が消えず、鳥部山の火葬場から立ちのぼる煙が空に消え去らず、人がいつまでもこの世に住み続ける習いならば、しみじみとした感動もなくなっ

8　兼好法師　　67

てしまうでしょう。兼好は「世はさだめなきこそ、いみじけれ」、世の中は定めなく移りゆくからこそ素晴らしいと語ります。流れ去る時のなかでこそ、そのひとときの美しさ、いとおしさ、哀惜の情が生まれます。

「花はさかりに、月はくま(かげり)なきをのみ見るものかは」(第137段)、桜は満開、月は満月ばかりをめでるものではない、と兼好はいいます。移りゆく時のなかで花は咲いては散りゆき、月は満ちては欠けます。兼好はその移りゆく時の一瞬一瞬の美しさ、はかなさ、愛おしさをめで、それを心一杯に味わいます。

美しいものはほんのひとときの、たまゆらのごときものです。しかし、そのたまゆらの美はあたかも永遠であるかのような深い印象を人の心に刻みます。それは沈みゆく夕陽に赤く染まりながら刻々と移りゆく夕空の美しさを、この目に映すときの心持ちです。そもそも悠久の宇宙に比べれば、私たちの人生そのものがほんの一瞬のものです。兼好はそのようなたまゆらの人生の美を、「いみじけれ」と深く心に刻むのです。

咲く花・散る花

花といえば桜を指すように、日本人はとりわけ桜をめでてきました。花をうたった歌人西行に、「わきてみむ　老い木は花も　あはれなり　いまいくたびか　春にあふべき」、とりわけ心してながめよう、老木の桜の花はひとしお心を打たれる、あといくたびの春を迎えるだろうかという歌があります。そこには老木と自分を重ね、自分もあといくたび桜をみることができるだろうかと、無常の人生の真実をしみじみと感じる心があります。

禅僧・俳人の良寛に「散る桜　残る桜も　散る桜」の句があります。春の盛りに咲いた桜はすみやかに散り、残った桜も同じように散りゆきます。そこからはいずれ散る花のような人生なら、咲いているこのひとときを精一杯に生きようとする気概も生まれます。日本人は咲いては散りゆく桜の花に、みずからの生死を重ねて映しみるのです。

「蟻のごとくに集まりて」

　しかし、世の人々は人生の無常を忘れて、ひたすら利を貪ることに熱中します。「蟻のごとくに集まりて、東西に急ぎ、南北に走る。高きあり、賤しきあり。老いたるあり、若きあり……いとなむ所何事ぞや。生をむさぼり、利を求めて止む時なし。身を養ひて何事をか待つ。期する所、ただ老と死とにあり」（第74段）。老若男女が蟻のごとく蝟集して、都大路を東西に急ぎ、南北に走り、快楽を貪り、利益を求めてやむことがありません。やってくるのは老いと死であるのにもかかわらず、それを忘れて限りなく欲望を追いかけ、財貨を積み上げようとします。

　「名利に使はれて、閑かなる暇なく、一生を苦しむるこそ、愚なれ」（第38段）、名声や利益に使役されてあくせくとし、静かに生活を味わう余裕もないままに人生の時間を浪費するほど愚かなことはありません。「及ばざる事を望み、叶はぬ事を憂へ、来らざることを待ち、人に恐れ、人に媚ぶるは、……貪る事の止まざるは、命を終ふる大事、今こゝに来れりと、確かに知らざればなり」（第134段）。およばず、かなわず、きたらぬことを求めてやまず、一方で人の目を恐れて世間にこびへつらうのは、すべておのれの死が今、ここにせまることを忘れるからだと兼好は戒めます。

　このような人の姿は、春の日に「雪仏」（雪だるま）を入れる立派なお堂を建てることにたとえられます（第166段）。立派な屋敷を建てることに夢中になるうちに、気がつけばわが身は「雪仏」のようにとけてなくなり、あとには主人のいないむなしい建物が残るだけです。このような人間の愚かさは、仏教では無明、すべてのものが流れゆく無常の真理に暗い根本的な無知によるとされます。

人生の一大事

　兼好は無常の人生をただはかなむわけではありません。無常であるからこそ富貴にまどわされず、世間の目を気にせず、自分が本来なすべきことに専念せよといいます。「一生のうち、むねとあらまほしからん事（第一にこうでありたいと思うこと）の中に、いづれかまさるとよく思ひくら

べて、第一の事を案じ定て、その外は思ひすてて、一事をはげむべし。何方をも捨てじと心にとり持ちては（どれもこれも捨てまいと執着していては）、一事も成るべからず。……人の嘲をも恥べからず。万事にかへずしては（すべてのことを投げ捨てなければ）、一の大事成べからず」（第188段）。

　限られた人生の時間のなかで自分がなすべきことに優先順位をつけ、他人が何をいおうと気にせず、みずからの一大事に専念せよというのです。ただ漫然と人生の時間を浪費するのではなく、無常がせまりくるからこそ、自分のなすべきことに精進するのです。仏教では一大事とは悟りを求めて発心することですが、兼好はこれは真俗、仏道と世俗のいずれにつけても大切であるといいますから、この世における人それぞれの一大事にも当てはまることでしょう。

　私たちが日常生活においてかけがえのない今を生きることも、人生の一大事といえます。兼好は死に向きあいながら、いかに意義のある日常の日々を過ごすかを考えます。「人は己をつゞましやかに（つつましく）し、奢りを退けて、財をもたず、世をむさぼらざらんぞ、いみじかるべき（立派だ）」（第18段）。ぜいたくや名利に目を奪われずに、つつましいシンプルな生活のなかに、日々を生きることの趣をしみじみと味わうことが大切です。兼好は仏道に従って生死の迷いから逃れようとする一方で、無常であるからこそ、この世を生きるよろこびを味わわないでおれようかと率直に語ります。無常なればこそ、人生と真摯に向きあって日々を生きるよろこびを心一杯に味わうべきなのです。

かげろうと蝉

　兼好は無常の世で、人間ほど長生きするものはないともいいます。「命あるものを見るに、人ばかり久しきはなし。かげろふの夕を待ち（待たずに死に）、夏の蝉の春秋をしらぬもあるぞかし。つくづくと（しみじみと味わって）一年をくらすほどだに（暮らすだけでも）、こよなうのどけしや（このうえなく長閑なものだ）。飽かず、惜しと思はば、千年を過すとも、一夜の夢の心ちこそせめ」（第7段）と語ります。欲を出して惜しいと思

えば、千年も一夜の夢に思われるでしょうが、身のほどをわきまえてつつましく暮らせば、１年といえども生きるよろこびを味わうには十分な時間があります。

「人、死を憎まば、生を愛すべし。存命の喜、日々に楽しまざらんや。愚かなる人、この楽を忘れて、いたづがはしく（わざわざ苦労して）外の楽しびを求め、この（命という）財を忘れて、危ふく他の財を貪るには、志、満（満足する）事なし。生きる間生を楽しまずして、死に臨て死を恐れば、この理あるべからず」（第93段）という人の話を、兼好はもっともなことだといいます。死がせまりくるからこそ、この世において命という「財」を十二分に充実させて、楽しまないではおれないのです。

空から落ちた仙人

『徒然草』では色欲についても語られます。「世の人の心をまどはす事、色欲にはしかず。人の心は愚かなるものかな」（第８段）。仏教では色は形あるものを指しますから、色欲はものに対する感覚的な欲望ですが、もっとも人間を強く引きつけるものが異性の魅力でしょうから、いわゆる男女の色欲という意味にもなります。

有名な久米の仙人の話が出てきます。大和国の吉野で神通力を得た仙人が空中を飛んでいると、川で洗濯をしている女性の白いふくらはぎを目にして神通力を失い、空から落ちたという話です。兼好は、色欲が仙人の神通力を失わせるほどいかに強いものかを、「みづからいましめて、恐るべく慎むべきは、この惑ひなり」（第９段）と自戒を込めて語ります。しかし、このように色欲の恐ろしさを語るということは、その色欲の底なしの魅力を知っているからでしょう。だからこそ「恐るべし」なのです。色の魅力を知らない木石人が、色欲を戒めても真実味はないでしょう。

一方で兼好は、「万にいみじくとも（すぐれていても）、色このまざらん男は、いとさうざうしく（興ざめで）、玉の巵の当なきこゝち（底の抜けたようながっかりした心地）ぞすべき」（第３段）と語ります。兼好は歌人として、この世の恋心の美しさにも鋭敏な感覚をもっていたでしょう。愛欲

にみっともなく執着することは愚かとしますが、その一方で恋の美しい趣をクールに味わう男女の姿は「あらまほし」、望ましいこととします。

　哲学者の九鬼周造は、その著書『いきの構造』で江戸時代の恋愛の美意識である「いき(粋)」を分析しました。それは恋をとげようとする意気込み、意気地と、なまめかしい媚態、そして、いつまでも連綿としないきっぱりとした諦めという3つの要素からなります。その反対がぐずぐずとして、諦めの悪い野暮です。兼好の好むしみじみとした品のよい男女の恋愛の趣には、このような粋に通じるものがあるかもしれません。このような恋の美意識を語るところも『徒然草』の魅力です。空から落ちた久米の仙人は、兼好自身であったかもしれません。

ユーモアと温かさ

　『徒然草』はユーモアの精神にもあふれています。腰が曲がり、白い眉毛をたらした老いた僧が参内した時、それをみた内大臣が尊い様子だとありがたがります。それを聞いた公卿の日野資朝は「ただ年をとっているだけではないか」といい、後日、老いさらばえて毛の抜けたむく犬をつれてきて、「この犬のありさまも尊くみえまする」といって引きまわさせます(第152段)。日野資朝は後醍醐天皇の新政に参加して倒幕をはかり、のちに佐渡に流されて処刑されます。『太平記』にも登場しますが、『徒然草』にはその剛毅で、大胆不敵な人柄を伝えるエピソードが書かれています。

　また、ある時下級の官人の牛車の牛が役所の床にのぼり上がって、長官の座るべき場所に寝転んでしまいます。驚いた人々は何か災いの徴かもしれないと立ち騒ぎ、陰陽師に占わせようとしますが、その話を聞いた長官の父親である太政大臣が、「牛には分別はない、足があればどこへでものぼるものだ、安い給料で働くその役人に大事な牛を返してやれ」といいます。人々は牛を返して、牛の寝転んだ畳をかえるだけで事なきを得たそうです(第206段)。世の中の通念や迷信にとらわれず、人として当たり前のことを語る太政大臣に兼好は好感をもったのでしょう。

　兼好は世間の通念や迷信にまどう人々の姿をユーモラスに語り、また、

そのようなものにとらわれず人間そのものを率直にみつめる人の目の温かさに共感します。世俗に生きる人の姿をユーモアの余裕をもってみつめる目には、ゆるやかな、寛容な、温かな心があるものです。そのような等身大の人間をユーモアで語るところも『徒然草』の魅力です。

モンテーニュ『エセー』

16世紀のフランスのモラリスト・モンテーニュの書いた『エセー』は、随筆というジャンルで『徒然草』と比較されます。モンテーニュは晩年に書いた部分で、神の授けた自然な楽しみを感謝して受け取ろうと語ります。「私としては、神が私に授け給うたままの人生を、愛し、耕す……私は、心から、感謝しながら、自然が私のためにつくってくれたものを、受けいれる。私はそれを楽しみ、それを誇りとする。この偉大な全能者の賜物を拒み、それを棄てたり、歪めたりすることは、彼に対する忘恩のわざである」。[3]

モンテーニュは神の授けた賜物である人生を理性によるだけでなく、快楽や欲望によってもあますところなく味わおうとします。そこには快楽への耽溺からも、過度な禁欲からも距離をおく、自然で健全な中庸の生き方があります。「自然的な快楽は、これを追い求めてもならないし、これを避けてもならない。われわれはそれを受けいれなければならない」。[4]このようなモンテーニュの考えは、兼好が名利に溺れることを戒めるとともに、世に生きるよろこびを味おうとすることと共通するように思われます。与えられた人生を自然のままに受け入れ、味わい、感謝することが大切ということでしょう。

「望月」を思いはかるべからず

歌人として貴族社会に出入りした兼好は王朝文化の美意識をほめ、貴族の品位のある立ちふるまいに敬意を払います。ある左大臣が太政大臣に昇進するのに何の差しさわりもなかったのに、「珍らしげなし、一上（左大臣）にてやみなん」（第83段）といって、太政大臣のポストを振って出家してしまいます。兼好は何ごとも満ちれば欠けるし、頂点をきわめれば

先が詰まってしまい、面白みがなくなるものだと語ります。

　平安朝で栄華をきわめた藤原道長は、わが世を「望月の欠けたることもなし」とうたいましたが、それから300年ののち、兼好は道長の残した屋敷や寺院がとっくの昔に焼失し、荒れ果てているのを目にします。そして、「望月」がいつまでも続くように思いはかるのはむなしいことだと語ります（第25段）。無常の世では出世・栄達した人も、それをほめそやす人もほどなく亡くなり、それを語り伝える人もいなくなり、すべてはすみやかに忘却のかなたに消え去ります。そのような昇進・出世に執着して人生を浪費することほど、野暮なことはないのです。

引き際の美学

　人生には世の中に乗り出していく若さの時節、引き際をみきわめる老いの時節があります。兼好は老いた人がいつまでも若い人にまじわり、無理をして若ぶる姿はあさましく、見苦しい限りだと語ります。「命長ければ辱多し。長くとも、四十にたらぬほどにて死なんこそ、めやすかるべけれ（無難であろう）」（第7段）。しかし、そう語った兼好自身は70歳近くまで長生きしたとされますから、なかなか一筋縄ではいかない人物ですが、それもまた『徒然草』の人間味のある面白さです。

　現代は人生100年時代といわれ、老後も働き続ける人が増えていますが、いつかはリタイアする時期を迎えます。「一生現役」という言葉は、職や地位をいつまでも続けることに限らず、リタイアしたあとの人生をいきいきと過ごすことを指すのでしょう。いつまでも過去に連綿としない人生の美学は、その後の人生を生きるために必要かもしれません。

　前に紹介した小説『官僚の夏』のモデルになった通産官僚の佐橋滋は、53歳で退官したあと（その頃は55歳ぐらいの退職が通例でした）、当時、慣例になっていた天下り先のポストにはつかず、余暇開発センターという小さな財団の長になります。彼は取材にきた記者に「君も何か運動したほうがいいよ。人間、余暇のために生きてるんだからね」と語り、太極拳のポーズをとってみせます。将棋好きの彼は、その後アマチュア将棋の連盟の会長もつとめました。官僚トップから余暇の指南役へ、鮮やか

な人生の切りかえではないでしょうか。

　佐橋は「毎日毎日の平凡にして楽しい生活が、僕そのものであって」といい、その平凡な自分が官僚としては比較的大きな仕事をしたけれど、真剣な顔は役所にいる時だけで、「底抜けに明るくできている」家庭に戻れば、全部どこかへすっ飛んでしまうと語ります。そして、退職後に「これからはまったく新しい人生が開けてゆくような気がする」と心境を語ります。現役と退職後、職場と家庭、いつでも自分自身の「平凡にして楽しい生活」をつらぬいていきます。

　人生や仕事に思う存分に力を出してやりきった人こそが、きれいに退く覚悟ができるのでしょう。いつまでも過去に連綿とせず、出処進退をきっぱりとみきわめる態度が、やがてこの世を去る覚悟にもつながります。「世はさだめなきこそ、いみじけれ」と語る『徒然草』には、移りゆく無常の世をさわやかに、スマートに、かつ味わいつくし、満ちたりて生き通す人生の美学があるように思われます。

思想の風景

兼好法師　　人生の「一大事」

絶えず移りゆく無常の世で、限られた命しかもたない人間が限りない欲をもち、富を貪り、地位や名声を争うことの愚かさを兼好はきびしく戒めます。人はつねに無常の死がわが身に迫りくることを忘れず、今なすべき人生の「一大事」に打ち込むべきなのです。仏教では一大事は仏の悟りを求めることですが、人にはそれぞれに人生の一大事があるでしょう。それをいつかそのうちにと先のばしにするうちに時間は流れ去り、気がつけば人生のタイムアップを迎えるかもしれません。無常だからこそ、今、自分がなすべきことに精一杯の力をつくすのです。一方で兼好は散りゆく花、移りゆく月の美しさを、哀惜の情をもって心ゆくまで味わおうとします。無常ゆえに今を精一杯に生き、その趣を心一杯に味わうべきだという兼好の言葉は、日常の忙しさにまぎれて人生の時を浪費しがちな私たちに、流れゆく時の一瞬一瞬と真剣に向きあうことの大切さを教えてくれます。

第II部
近世の思想

上:富嶽三十六景　五百らかん寺さゞゐどう(葛飾北斎筆)
下:忠臣蔵夜討大手ノ義士廿四人搦手ノ義士廿三人弐国橋会合図(歌川国貞筆)

▼
9

身をはなれて孝なく、
孝をはなれて身なし

中江藤樹

「仰げば尊し」

かつて日本の学校の卒業式では「仰げば尊し」がうたわれましたが、近年は耳にすることがなくなりました。古い道徳観や難しい文語体の歌詞が、現代の若者にはあわないとされるからでしょう。歌詞はつぎのようなものです。

「仰げば尊し　我が師の恩　教の庭(学校)にも　はや幾年　思えばいと疾し(とても速い)　この年月　今こそ別れめ(別れよう)　いざさらば／互いに睦し(仲良くした)　日ごろの恩　別るる後にもやよ(けっして)忘るな　身を立て名をあげ　やよ(さあ)励めよ　今こそ別れめ　いざさらば……」

「わが師の恩」のみならず、友との「互いに睦し　日ごろの恩」も忘れるなとされます。ともに青春を過ごした人々の恩を忘れないことは、今も昔も大切でしょう。「身を立て名をあげ　やよ励めよ」は、立身出世主義の古い道徳であると批判されます。「身を立てる」は世の中でみずからの生計を立てることで、そこから社会で一人前になり、成功をおさめて「名をあげる」立身出世につながるのでしょう。

この歌詞は明治初期につくられましたが、当時は封建的な身分制度がなくなり、人々がみずからの才能、努力、学問や技術によって社会的な成功を手にすることができるようになった時代です。評論家の伊藤整は「明治時代の人たちは、勤勉、努力して、立身し、出世することを正しいことと考えた……百姓の子、職人の子、下級武士の子でも、頭のよい

78　第Ⅱ部　近世の思想

者は、出世して、同時にそれが世のためになるという機会が多かったのである。だから立身出世は、当時は、大体において、そのまま正しいことであった」と語ります。一方で現代のように親の収入や地位が教育格差を生んで子の人生を左右するような状況では、「自分だけが人を出し抜いて、楽な生活をし、人に尊敬され、自分の家族をのうのうと生活させている、と考えると、良心的な人間は苦しみ悩むであろう」とも語ります。昔のままの立身出世思想は、現代には通用しないのです。

中江藤樹と『孝経』

「身を立て名をあげる」ことは、儒教の経典の『孝経』に説かれる言葉です。「身を立て道を行ひ、名を後世に揚げ、以て父母を顕すは、孝の終なり」、身を立て人の道をおこない、後世に名を残して父母の名誉となることが孝行の完成であると説かれます。しかし、それは立身出世という世俗的な意味だけでしょうか。『孝経』を重んじた江戸時代の儒学者中江藤樹は、「身を立てる」には人間の生き方についての道徳的な深い意味があると説きます。

中江藤樹は近江国(現在の滋賀県)の農家に生まれます。江戸時代初期には、農業に従事しながら領主に従って戦うかつての土豪層が残っており、藤樹の実家もそのような帰農した武士であったとされます。領主の転封によって鳥取の米子に移った祖父の武士の家を継ぐためにその養子になり、その後の転封で四国の大洲藩の武士となり、藩の職務のかたわら儒教を学びます。しかし、27歳の時に脱藩して故郷の近江に帰り、母親に孝養をつくし、自宅に藤樹書院という私塾を開きます。脱藩の理由については、藩内の諸事情による藤樹の立場の難しさなどが推測されていますが、故郷に残した母親への心配もあったのでしょう。

「身を立て道をおこなう」

藤樹は『孝経』の注釈書を著し、「身を立てる」の「身」は肉体とともに精神や心などを含めた人の本性を意味すると説きます。そのようなわが「身」のもとをたどれば、それを父母に受け、さらに祖先、自然の

万物、宇宙の根源へとさかのぼりますから、わが「身」は宇宙の根源から万物とともに生まれたものです。そこでわが身は万物と一体であるという「万物一体的の身」を自覚して生きることが、「身を立てる」ことになります。

このように親をはじめとして、天地自然の万物とともに生きる「万物一体的の身」を忘れず、人々となごやかにわけ隔てなくまじわって人の「道をおこなう」ことが生き方の基本です。「名をあげる」ことはそれにともなう評判ですから、ことさらに求める必要はないと藤樹はいいます。仮に世の中で富と名声を手に入れても、万物一体の身を忘れ、親をはじめとして人々をないがしろにして人の道にはずれたのでは、人としての身が立たずに「名折れ」に終わります。このように「身を立て名をあげる」ことは、人間の生き方の根本に関わる道徳なのです。

孝の教え

藤樹は『翁問答』で、師と弟子の問答形式でみずからの考えを平明に説いています。師は「身を立てるというのは、わが身は元来、父母から受けたものであるから、わが身は父母の身と同じと思い定めて、かりにも不義無道のことを行なわず、また、父母の身はわが身と思い定めて、できるだけ大切に愛敬して、自分と他との隔てをせず、万物を一貫した身を立てることである」と説きます。自分を生み育ててくれた親をわが身と同じと思って愛し敬い、人の道にはずれたことをせず、人々をわけ隔てせずに愛して万物一体となって生きることが、「身を立てる」ことです。

藤樹は親の恩を「観念する」、まざまざと思い描いて忘れないようにつねに心にとめなければならないと説きます。子どもが生まれると、母親は眠る子のそばに寄りそって体を屈伸させもせず、髪を洗ったり湯あみする暇もなく、衣服もつくろうことなく、ひたすら子の安穏を思うと藤樹は語ります。そして、もし子が少しでも病気になれば、親は医者を求め神に祈り、わが身をもってかわりたいと思うものだといいます。

このように親をはじめとしてすべての人の恩を忘れず、万物と一体と

なって生きることが孝です。「孝」の字は、老いた親を上にして子をその下にし、老いた親を子が愛し敬うことをあらわします。そこには親は子を慈しみ、子は親を慕うという人間の生きる原風景があります。

宇宙の本体としての太虚

　私たちの身がどこから生まれたかをつきつめていくと、親から先祖、自然の万物、宇宙へとさかのぼりますから、藤樹はすべては宇宙の根源から生まれたものであると説きます。そして、わが身の由来である宇宙の根源を太虚と呼びます。太虚は大いなる虚という意味で、広々として何ものもない混沌としたものですが、そこから万物を生み育てる無限の働きが生まれます。

　師は「さて、その本来の大本をよく考え詰めてみれば、わが身は父母に受け、父母の身は天地より受け、天地は太虚より受けたものであるから、本来わが身は太虚神明の分身でもあり、変化したもの」であると説きます。つまり、人間は太虚からその分身・変化して生まれたものであり、太虚が人の形をとってこの世にあらわれたものです。したがって「万民はすべて天地の子であるから、われも人も人間の形をしている者はみな兄弟である……自分と他人のあいだに隔てをつくって、角立てて疎み侮るのは、迷った凡夫の心である」。人は宇宙という母胎から生まれた同胞としてたがいに愛し敬うべき兄弟であって、人をわけ隔てて差別し、対立し、嫌い、あなどるのは愚かな人のすることなのです。

　太虚はまた神明、すべてを明らかに見通す神の力ともされます。万物のなかで人間だけが神明をわけもち、ものごとを明らかにみてとる知性を備えています。人間はその知性によって万物一体のわが身を知ることができます。このように「太虚神明の本体を明らかにして、それを失わないことを、身を立てるというのである」、宇宙の本体である太虚と神明を明らかにして忘れず、万物一体の身で生きることが「身を立てる」ことなのです。

宇宙の根源への祈り

　藤樹は宇宙の本体である太虚を、古代中国の宇宙の主宰者である皇上帝や、道教の神である太乙神と呼んで祈りの対象にしました。現代人にはこのような宇宙にいだく宗教的な感覚はとらえにくいものですが、そこにはこの世に自分があることの存在理由を求めて、親の恩から始まり、万物を生み育てる宇宙の根源への畏敬の念に至る藤樹の思索の道すじがあります。

　このように宇宙を生命の根源とみて畏敬の念をいだくことは、古代の八百万神への敬いに始まり、近代以前に生きる人々に共通した自然な感覚だったことでしょう。藤樹が宇宙の根源に崇敬の念をいだくところには、現代人が見失いがちな宇宙や自然を畏れ敬う深い心が感じられます。

人を愛し敬う

　弟子が「今まで親をよく養うことだけを孝行と思っていました」というのに対して、師は「孝は宇宙の全体に広がり、無限の時にわたって始まりもなく終わりもない」とこたえます。万物一体となって生きる孝の徳は宇宙の全体に広がり、永遠に働いています。師はこの孝の徳を自覚してみずからの霊宝、心の宝とし、明徳、明らかな徳として身につけることが人のあり方の基本であると説きます。

　万物をつらぬいて働く孝の徳は、人間の日常生活においては人々を愛し敬うことになってあらわれます。「孝徳の感通する（万物につらぬいて働く）ところを手っ取り早く言えば、愛敬という二字で要約できる。愛というのは、懇ろに親しむことである。敬は上の者を敬い、下の者を軽んじ侮らない意味である」。万物をつらぬく孝の徳は、すべての人をわけ隔てなく愛し敬う道徳として日常で実践されます。

　この愛敬は、儒教で五倫と呼ばれる5つの人間関係に応じてあらわれます。親を愛し敬うことは孝の根本ですから、そのまま孝行と呼ばれます。この孝が基本になって、君臣・兄弟・夫婦・友人の関係における徳があらわれます。君臣の関係では家臣は主君に忠義の徳をもって仕え、主君は家臣を愛して仁の徳をほどこします。主君あってこその家臣、家

臣あってこその主君で、そこに万物一体の身が自覚されます。兄弟・夫婦・友人においても同様です。万物一体の身を自覚すれば、あらゆる人間関係において人を愛し敬う孝の徳が通じるのです。

江戸時代の封建社会の身分秩序に生きた藤樹には、近代的な自由な個人という発想はありません。しかし、宇宙の根源からみれば人はすべて同胞であり、身分や職分の違いはあっても「人」として愛し敬うべきことにかわりはなく、愛敬の道徳はすべてに通じると説きます。人を身分や職分としてとらえる封建社会の通念のなかで、一人ひとりを愛し敬うべき「人」としてみるところに藤樹の道徳があります。

私たちの社会でも親と子、教師と生徒、上司と部下、先輩と後輩など人間関係は様々ですが、たがいを「人」として愛し敬うことはすべてに通じる人の基本です。そのような「人」をリスペクトする道徳をもたなければ、上の立場の者には平身低頭して卑屈になり、下の立場の者には思い上がって尊大に振るまう、万物一体の身を忘れたちっぽけな情けない人間になってしまいます。

私心の迷い

私たちはふだんわが身が大事と思い、他人のことまでかまっていられないと考えがちです。師は「人間の千万の迷いは、みな私心からおこるものである。私心はわが身をわがものと思うことからおこるのである。孝はその私心を破り捨てる主人公である」と説きます。人のすべての迷いは、わが身は自分だけのものと思う私の心、気ままな私心からおこります。万物一体の身を立てる孝は、その私心を打ち破るものです。

私心のみで動く人は「高慢」、おのれを高しとし、「自慢」、おのれのみを偉いものと思い、「気随」、勝手気ままに振るまい、人の意見を聞き入れず、欲に任せて悪いことでも面白ければふけり、善いことでも嫌いならば退け、こびる人を近づけてひいきし、誠実な人でも気に入らなければ遠ざけて冷遇します。このような藤樹の人間観察は、今もそのまま通じるでしょう。

「身をはなれて孝なく、孝をはなれて身なきゆへに、身をたて道をお

こなふが孝行の綱領なり」、わが身と孝は離れずに1つですから、わが身を自分だけのものと思わず、万物と一体になったわが身をもって、人を愛し敬う道をおこなうことが孝の要点です。

藤樹は「すべて我を全くし我を化する的の人、みな我を生ずるの恩あり」、自分をまっとうな人に育て、善い人間性へと感化してくれた人には、みな自分を生み育ててくれた恩があると説きます。われ以外みなわが師ともいわれますが、人生で自分を教え導いてくれた人たちは、みな恩ある人です。わが身を立てるとは親をはじめ、人生で様々に自分を支え助けてくれた人たちの恩を忘れず、その人たちのお陰で今の自分があると自覚することです。「私」を振りまわして人々をないがしろにしてその恩を忘れ、他者を出し抜いておとしめ、自分だけが世間で成功をおさめても、人としての身は立たないのです。

自転車をこぐ子ども

小さな子どもが前をみつめて懸命に自転車をこいでいきます。うしろから祖父の自転車が孫を見守りながら続きます。しかし、小さな子は前を向いて自転車をこぐことに精一杯で、うしろを振り返る余裕はありません。やがて成長した子どもの自転車は速度を上げ、祖父の自転車をうしろに残して人生を先へ先へと進んでいくことでしょう。そして、いつか大人になった時、幼い自分の自転車をいつもうしろから見守ってくれた祖父がいたことを思い出して振り返りますが、そこにはもう祖父の姿はないのです。

この風景のように、私たちは若い頃ひたすら未来をみつめて進むことに精一杯で、そのうしろに自分を育て、支え、見守ってきた人たちがいることを振り返る余裕をもてません。そして、いつかその人たちのことを思って振り返る時、その人たちはもう姿を消していることもあります。人はいつも「万物一体的の身」をもって生きていることを忘れず、自分を育て支えてくれた人たちの恩を思うことが大切なのです。そのような人間の生き方の根本の原理になるものが、孝ではないでしょうか。

心の学び

　藤樹は人の心を大切にします。そして、昔の聖人はその心を言葉や行為という迹に残して、のちの世に伝えたと説きます。だから読書とは「眼にて文字をよむ」ことではなく、そこに込められた聖人の心を鏡として自分の心を振り返ることで、それが「心にて心をよむと云て、真実の読書也」と説かれます。たとえ一文字も知らない「一文不通の人」であっても、聖人の教えの心を学んだ人は立派な儒者です。逆にいくら書物の知識があっても、それだけではもの覚えのよい「芸」にすぎません。このように学ぶことは心の上の学びですから、「心学」と呼ばれます。

　また、人の願い求めるべきものは何かという問いに対し、師は「心の安楽に極れり」と答えます。「心の本体は安楽にして苦痛なきものなり」、人の心は本来は安らかで楽しいものであり、それは幼い子どもの天真爛漫な姿をみて、世間で「仏なり」ということでもわかります。しかし、大人は私心にまどい私欲にまみれ、その安楽な心にみずから苦痛の種をまくのです。藤樹はそれを洗い流して、生まれついた本来の心の安楽を求めるものが「心の学び」であると説きます。

　藤樹はこのような安楽で善意に満ちた人の本来の心をみずからの身にあらわして、人々を自然に感化したのでしょう。だから、その心に触れてみずからの心もやわらぎ、善意にあふれてくるのを感じた人たちから、近江聖人とたたえられたのではないでしょうか。

ベルクソンと「開かれた社会」

　万物一体の身をもってたがいに愛し敬い、人々と融和して生きることを説く藤樹の思想には、古くからの日本の共同体倫理の伝統があります。私たちが属する共同体は家族や地域社会などの基礎集団、職場や学校などの機能集団から、国家、民族へと拡大していきます。しかし、いくら集団の規模が拡大してもウチの集団からソトの集団を差別する排他意識がある限り、その集団は閉鎖的なものです。ウチに閉ざされた集団の倫理はソトの集団との対立を生み、たがいを排除しあう争いの要因にもなります。また、ウチの集団のなかでは全体への服従を強いて、個人の自

由や尊厳が軽んじられることもあります。

　フランスの哲学者ベルクソンは、宇宙に発生した生命の流れに人類を位置づけます。あたかも池に小石を投げ入れた時に水面に波紋が広がるように、宇宙に発生した生命は一つの中心から同心円の波となって周囲へと波及していき、もっとも遠くに到達した波が人類になります。生命の進化の先端にある人類は、みずからの魂に生命の躍動（やくどう）の反響を聞き取り、その生命の進む方向にそって進化するとベルクソンは説きます。

　ベルクソンは「閉じた社会」と「開かれた社会」をわけます。「閉じた社会」はソトの集団に対しては閉鎖的・排他的で、ウチの集団を守る防衛本能にもとづく「閉じた道徳」に支配されています。一方で、ブッダやイエスなど人類に「開かれた魂」の持ち主があらわれ、人々に国家や民族の枠をこえた「開かれた道徳」を教え、人類を同胞として愛する「開かれた社会」へと導きます。

　ベルクソンは生命の流れをエラン・ヴィタール、生命の（ヴィタール）躍動（エラン）と呼びます。それは生命のダイナミックな流れを原動力とする、より包括的で普遍的なものへ限りなく広がる命の波動です。ベルクソンは、「開かれた魂」を備えた人類の教師が体現する生命の躍動の波動が人から人へと伝わり、人類を「開かれた社会」へ導くと説きます。

人類に開かれた魂

　このようなベルクソンの思想に、人はみな宇宙の本体である太虚の分身・変化であり、わけ隔てなく愛し敬うべきであると説いた藤樹の思想を対置してみればどうでしょうか。もちろん17世紀の藤樹の思想は儒教の伝統と江戸時代の封建社会を背景に形成されたもので、そこには近代的な自由な個人の自覚や自然科学の知識はありません。どのような思想も時代の制約のなかにあります。しかし、藤樹がみつめた先にあるものに私たちの想像力を働かせる時、そこに宇宙から生まれた同胞として人々が愛し敬う、人類に「開かれた社会」がみえてこないでしょうか。

　藤樹は太虚の神は人類の太祖（たいそ）であり、その神のことわりからみれば、「聖人も賢人も、釈迦（しゃか）も達磨（だるま）も、儒者も仏者（ぶっしゃ）も、自分も他人も、世界中

でありとあらゆる人の形をしているもの」は、みなその「子孫」である[13]と説きます。もし、藤樹が世界についての広い知識をもっていれば、ソクラテスもイエスもみな太虚の「子孫」としたかもしれません。藤樹も時代に制約された範囲とはいえ、すべての人に「開かれた社会」へと向かうベクトル、方向性と力を心に備えた「開かれた魂」の持ち主の1人であったと考えられないでしょうか。

　広大な宇宙のなかに命が誕生し、その命の流れのなかで私たちは今、ここに生きています。宇宙に発生した生命は、ただ意味もなく宇宙に偶然に存在しているのでしょうか、それとも未来に向かう何らかの方向性、使命（ミッション）をもっているのでしょうか。藤樹やベルクソンはその使命を、すべての人々を宇宙の根源から生まれた同胞として迎え入れる「開かれた社会」の実現であると直観したのではないでしょうか。

　国際的な対立や緊張のなかで戦争やテロ、排他的な民族主義の風潮が高まる現代で、人類に「開かれた社会」は遠い理想の夢と思われるかもしれません。現実は直視しなければなりませんが、それを動かすことのできないものと決めつければ、それは時代に制約された思想の限界になります。宇宙の根源から命をみつめる藤樹やベルクソンの思想は、私たちの命がどこからきて、どこへ向かうべきかという人類の未来への歩みを照らしだす灯（ともしび）とならないでしょうか。

思 想 の 風 景

中江藤樹　　万物一体の身を立てる

「身を立てる」とは、世の中で生計を立てて経済的に自立することのみならず、人の道を歩む人間として自己を精神的に確立することをさします。中江藤樹はすべての人を宇宙からその「分身変化（へんげ）」として生まれた同胞として愛し敬い、そのような「万物一体の身」をもって生きることが、「身を立てる」ことであると説きます。現代の私たちに、藤樹は地球に生きるすべての人を同胞として愛し敬い、「万物一体の身」を立てることが人類の普遍的原理であると教えているのではないでしょうか。

10

我よく人を愛すれば、人また我を愛す

伊藤仁斎

古義堂のゼミナール

　今から約350年前の江戸時代の前期、現在の京都市上京区の堀川通りに1つの私塾が開かれました。儒学者の伊藤仁斎の古義堂です。

　月に3回開かれる勉強会は同志会と呼ばれ、その決まりが「同志会の式」として残されています。人々が集まると、まず「衆中必ず一人を推して、会長とす」、みんなのなかから1人を会長に推薦して決めます。会長は全体の進行と助言役をつとめます。つぎに「衆中講者を進めて、（講師の）座に陞らんことを請う」、みんなのなかから講師を推薦して選びます。講義が終わると「衆おのおの疑うところを質問す」、みんなが疑問に思うところを質問し、講師がうまくこたえられないと会長が助けます。そして、またつぎの講師を選びます。

　それが終わると会長が「策問」（試験問題）や「論題」（議論のテーマ）を出し、みんなが答案を考えて発表します。会長はそれにコメントをしますが、甲乙の成績はつけません。その場で答案が書けないものは、つぎの会に提出することも許されます。最後に勉強会の内容のメモを数人で回覧して記録します。講義や討論のあいだはむだ話に笑い興じることはもとより、世間のことや他人のうわさ話は禁じられます。

　このように古義堂の勉強会は、今日の大学のゼミナールのように民主的に運営される、当時としては珍しいものでした。ここには仁斎が商家の出身で、町民の同業者の組合や京の自由な自治の精神が反映されているともいわれます。しかし、そこには何よりも人はみずからの心の自然

88　第Ⅱ部　近世の思想

な活動から徳を育てるべきであるという、仁斎の人間味にあふれた思想
があります。

朱子学と理

　古義堂と川筋の通りを挟んだ向かい側に、もう1つ私塾がありました。
山崎闇斎の私塾です。そこでは朱子学にもとづく厳格な教育がおこなわ
れました。当時の武士の学校では、宋代の新しい儒学である朱子学が重
んじられました。朱子学は、宇宙を支配する理法を究明する「窮理」を
目的とします。理は「ことわり」をあらわし、物事がそのようにおこな
われるべき必然的な筋道・条理・原理を意味します。そこではおのれの
欲望や感情をつつしむ「居敬」を心がけ、宇宙に厳然と存在する理に従
うきびしい精神修養が求められます。

　現代では理科や理学といえば自然科学を指しますが、西洋で近代自然
科学が確立されたのは16〜17世紀ですから、12世紀にできた朱子学には
理科と文科の区別は明確ではなく、自然法則も社会の法や制度もすべて
含めて理とされました。そこからのちの明代に若き日の王陽明が、庭に
はえた竹の理を究めようと精神を集中して精神衰弱になったという逸話
も生まれます。

　日本に伝わった朱子学は、私欲や感情をおさえて理を究める修養法が
坐禅の修行に通じることから、禅宗の僧侶の教養として学ばれました。
やがて学問として独立した朱子学は、江戸幕府によってその理の思想が
封建社会の身分秩序を理由づけるものとして重視されました。武士は一
切の私情・私欲を捨て、主君に忠義をつくして正しい筋道である義に従
うことが理にかなうとされました。そして、すべての人が理のあらわれ
である封建社会の身分や職分の秩序に従う知足安分が道徳になりました。

「活物」としての世界

　仁斎は京の商家に生まれましたが、家業を弟にゆずって学問に打ち
込みました。若い頃は仁斎も朱子学に熱中し、静座して心をしずめて理
を悟る修養に打ち込みます。しかし、そのような黙座澄心の修養を続け

10　伊藤仁斎　　89

るうちに心身に不調をきたし、10年間家に引きこもる生活を送ることになります。

　やがて仁斎はそのような堅苦しい修養をやめ、むしろいきいきとした心の自然な活動に人の道を求めます。仁斎は「天地の間は、一元気のみ」、宇宙には万物を生成する元になるエネルギー、元気が運動しているのみと考えます。気とは万物を形成する元素やエネルギーのようなものです。「天地は一大活物」、宇宙はつねに気に満ちていきいきと活動しています。天には日月星辰がめぐり、地には万物が育ち、人間の心はいきいきと活動し、世界はつねにエネルギーに満ちて活動する「活物」です。

　このように世界は太古からエネルギーに充満してつねに生成変化を続けており、そこには無や空虚はありません。仁斎はもし宇宙が生まれる前に無の始まりや理の条理があるならば、いったいだれがそれを目撃し、何百億年も生きのびて伝えたのかと批判します。今、いきいきと活動しているこの世界は、太古の昔からそのように無始無終に活動し続けている世界なのです。

　仁斎はこの生命力に満ちた活物の世界に従うことが善であり、それに逆らうことが悪であると考えます。自然の世界に逆らう「曲者」は山の草を水に植え、魚を山にあげるように一日たりともおのれを保てません。命あるものはこの活物の世界に生まれ、成長し、活動しつくしてその命を終えます。生がその活動を終えることが死であり、死という何ものかが実在するわけではありません。だから孔子は死について語らず、日常の生活において徳を身につけて生きることを重んじたのです。

　このように「人心発動」するなかから徳を育てる自然な人間性を重んじる仁斎の教えには、町人としての生まれや、温和・寛容・誠実な彼の性格が影響しているのでしょう。人はいろいろと模索しながら、最後はみずからの自然なあり方にそった生き方を選ぶものではないでしょうか。人の道の教えは人の主体性を尊重し、勧めることであってもおさえることではなく、導くことであっても強いることではありません。自由な討論を中心にする古義堂の学びも、そのような仁斎の人間性にもとづくものでしょう。

徳を好む

　仁斎は儒教の原点である『論語』と『孟子』に立ち返ります。仁斎は『論語』を「最上至極宇宙第一の書」と讃えます。そして徳とは人の心情から生まれる美しく善いものであり、知識や理屈で説明できるものではないといいます。人は徳のある行為を学ぶべきで、後世の朱子学のように理を追究したのでは理屈っぽくなるばかりで、かえって徳とは何かがわかりづらくなると批判します。

　『論語』で孔子は徳を好むといいます。「吾いまだ徳を好むこと、色を好むが如くする者を見ず」（『論語』子罕篇）、私はこれまで美人を好むように徳を好む者をみたことがないというその言葉からは、美しいものを好むように、徳もまた好むものであることがわかります。仁斎は宇宙の理に従う朱子学の厳格主義を批判して、人間の美しく善い心から徳を好んで育てる人間主義の立場をとります。古代ギリシアのソクラテスが求めた善美のことがら（カロカガティア）、善く（アガトス）美しい（カロス）もの、人としての美事善行が思い浮びます。

心を拡充する

　仁斎は、『論語』の教えの注釈書となるものが『孟子』であると説きます。孟子は「人を害しようとはしない心を拡大して充実させれば、あらゆることに仁がゆきわたるようになる」（『孟子』尽心下篇）と説きます。人をそこなわない愛の心を養い育て、すべての人に「拡充」、拡めて充たすことによって仁の徳が完成します。そのように人の心に備わる四端と呼ばれる4つの善い心の端緒を育てれば、仁・義・礼・智の四徳が完成します。善い心の芽生えを養い育てれば小さな苗が大木になり、源泉にわく水が大海を満たすように、立派な徳が完成すると仁斎は説きます。

　四徳はたがいにおぎないあう関係にあると説かれます。たとえば、義は「その当にすべきところをして、その当にすべからざるところをせず、これを義と謂う」と説かれますが、この人としてなすべきこと、なしてはならないことの正しい義の筋目にそって、人を愛する仁が発揮されます。一方で、仁にもとづいて人を愛する行為の筋道として、義が定まり

ます。このように仁と義はたがいに表裏一体となっておぎないあうものです。

愛のメッセージ

　このような四徳のなかで、人の心の核となるものが仁です。仁斎は「仁は徳のうちでも偉大なものである。しかしこれを一語によっていいつくそうとすれば、愛そのものだ」と説きます。仁は人べんに二と書き、二は複数の最初の数をあらわしますから、仁は人々が慈愛の心をいだき、たがいに親愛の情で結ばれることを指すと考えられます。孔子は仁について「人を愛す」(『論語』顔淵篇)と説いています。

　愛は人の自然な心情から発し、命あるものの成長と活動をよろこぶ心です。「活物」として生きるすべてのものは、命の成長と活動を愛することを好むものです。そのような愛をあらゆる人々へと広げ、世の中のすみずみにまで満たすところに仁の徳が完成します。

　「慈愛の心があらゆるものにまじりあってゆきわたり、自身の内から外部にひろがり、あらゆるところにゆきわたり、残忍で薄情な心が少しもない、これこそ仁と謂うのである。こちらには心をかけるがあちらにはかけないというのは、仁ではない。一人にだけ心を通じるが十人の人には通じないというのは、仁ではない。ほんのわずかな時間にもあり、眠っているあいだもはたらき、心につねに愛があり、愛が心に満ち、心と愛とが完全に一つとなっている、これこそ仁である」。江戸時代に、このように愛の完成した姿について美しいメッセージを語った先人がいたのです。

　仁斎は「仁は、性情の美徳にして、人の本心なり」、仁愛は人の心情の立派な徳であり、心の本体であると説きます。様々な徳は愛から発する時に本物ですが、そうでなければ空虚なにせものになります。愛がなければ義(正義)は自分を正当化して人を責める冷酷な刃になり、礼(礼節)は人にこびへつらう世渡りの術になり、智(道徳的な判断力)は理屈をもてあそぶ空理空論になるでしょう。徳のあるおこないは、すべては愛の真心から発するのです。さらに仁斎は自分も他者も偽らず、つねに誠

実に真心をつくす「誠」の徳を重んじます。心に誠があってこそ、人への仁は本物になります。

「君子は慈愛の心をもっとも大切にし、残忍酷薄の心をいちばんかなしんだ」「徳というものは、人を愛するのがいちばん大切であり、人の心をそこなうより不善なことはないのだ」と仁斎は説きます。「人の心をそこなう」ことほど不善なことはないという言葉からは、愛に満ちた心こそ人の道であるという仁斎の信念が伝わってきます。「仁者の心は愛をもってその本体とする。ゆえにその心は寛大、ひろやかで、偏ならず、かたよって狭苦しくなく、いつも楽しんで憂えず、いろいろな徳がおのずからそなわる」(『語孟字義』)。ゆったりとした、優しさに満ちた仁斎の人柄が髣髴とします。

人と人の関係性

仁斎は「人の外に道無く、道の外に人無し」と説きます。ここでいう人は社会から抽象された孤立した個人ではなく、つねに他者との関係において生きる具体的な人間です。儒教では人間をつねに人と人の関係、人倫という具体的な生活の場においてとらえます。倫とは仲間という意味です。その人倫を離れて徳の道はありませんから、「人の外に道無し」、一方で徳の道からはずれれば人倫がこわれますから、「道の外に人無し」です。徳によって結ばれた人倫の関係に背き、人の道にはずれてしまえば、「人に非ず」、人でなしになってしまいます。

このように人の道は日々を生きる日常、「俗」のなかにあります。「俗の外に道無く、道の外俗無し」、日常を卑俗なものと軽んじず、むしろ人とともに生きる日常にこそ人の道があるのです。このように人間を人と人の関係に生きる存在とすれば、仁愛は人間が他者との関係性に生きることの基盤、人を人として成り立たせる根本といえます。私たちが抽象的な個人ではなく、つねに人と人の間に生きる「人間」であるところに、仁愛の徳の存在理由があるのです。このような「人間」に人の道を見出す日本人の伝統的な倫理観は、のちの和辻哲郎の「人間の学」としての倫理学にも受け継がれます。

ミュージカル映画『クリスマス・キャロル』

　愛は人生を豊かに育む基盤となるもので、その上に充実した日々の生活が成り立ちます。愛を失えばいくら才能や知識に恵まれても、富や名声をもっていても、人生は孤独で空虚なものになるでしょう。そのような愛を失った人生のむなしさは、しばしば芸術の主題にもなります。

　ディケンズの小説を原作にしたミュージカル映画『クリスマス・キャロル』(1970年)に出てくる、金貸しの吝嗇な老人もそうです。クリスマス・イヴの晩、老人のもとに3人の幽霊が訪れ、彼に過去・現在・未来の人生をみせます。過去、若かりし日の彼は緑に囲まれた池で恋人を乗せたボートをこぐ、愛のよろこびを知る美しい青年でした。しかし、やがて彼は人が信じられなくなり、金銭だけに執着するかたくなな人間になっていきます。現在、彼が死んだ日に街の通りでは人々が借金の証文を破り捨ててよろこび、彼の死を悼む人は1人もいません。未来、死後の世界で人々に無慈悲であったことの報いを受けて、地獄で罰を受ける自分の姿を目の当たりにします。

　みずからの人生を目にした老人は後悔します。愛を失ったその心はいいようのない孤独の苦悩にさいなまれます。ためこんだ金貨は何の役にも立ちません。彼を救うものは人への愛しかありません。そして、人生の最期に彼は人への愛を取り戻すのです。

「われよく人を愛すれば」

　人間がいだく自然な情感を人情といいますが、それは他人への思いやり、優しさ、情けをも意味します。人情をもって生きることは、人との結びつきに生きることです。人はそのような他者との関係性に生きるものであるゆえに、孤独や孤立がつらいものに思われるのです。現代社会では地域のコミュニティが弱体化し、他者との関係が希薄になるなかで、私たちは孤独のなかに生きることもあります。しかし、孤独には他者との情けのある結びつきを回復したいという、心の叫びがあるのではないでしょうか。孤独の体験は、仁を実践して人間関係を再構築しようとする第一歩にもなります。

仁斎は「我能く人を愛すれば、人亦我を愛す」、私が人を愛すること
ができれば、人もまた私を愛するものだと説きます[13]。まず、自分が人を
愛することから、孤独からの自己の新生が始まります。ただ人から愛さ
れることを待っているだけでは何も始まらず、人生の扉は開かないでし
ょう。私たちはときには他人の冷酷な心に出あって傷つき、がっかりし
て落ち込むこともあります。しかし、それは他人の心をおとしめるもの
であっても、私の心の値打ちをそこなうものではありません。私の心に
愛があれば、それは人としての価値に満ちた豊かなものであり続けます。
自分の心から生まれる愛の力を信じ、人を恐れて臆病にならず、勇気を
もってみずから愛を発信することで、人間関係への第一歩が踏み出せる
のではないでしょうか。

思想の風景

伊藤仁斎　命の成長をうながす愛

この世で命あるものはすべて生き生きと活動し、成長し、その命をまっとうする
ことを目的にしています。伊藤仁斎は人間をそのような生きて成長する「活物」
ととらえ、それを偏狭な理屈や教義でゆがめて「曲者」にしてはならないと説き
ます。人間ののびゆく命の成長をうながし、見守ることが愛であり、それが人の
基本の徳である仁です。すべての人に愛がゆきわたり、つねに心に愛が満ちてい
ることが仁です。その反対に人の心身を傷つけ破壊する「残忍酷薄」の心ほど、
悪いものはありません。「残忍酷薄」の心におちいった人間がもっともらしい理
屈を口にし、主義主張にこり固って、いじめや差別からテロや戦争まで、様々な
禍をもたらします。命ある「活物」としての人間の成長を願い、よろこび、それ
を支援する仁愛こそ、いかなる主義主張にもまさって、人の生き方の基本になる
ものではないでしょうか。

11

人の道は必ず億万人を
合していうなり

荻生徂徠

赤穂事件

　今からおよそ300年前、元禄15(1702)年12月14日(旧暦)、主君浅野内匠頭長矩の仇を討つために大石内蔵助が率いる元家臣47人が、江戸本所の吉良上野介義央の屋敷に討ち入る事件がおこりました。有名な赤穂事件、世にいう赤穂浪士の討ち入りです。

　事件のおこりは、江戸城内の松之大廊下で赤穂藩主の浅野長矩が吉良義央に切りかかったことです。浅野は吉良に「遺恨」があったとされますが、具体的な内容については諸説あります。朝廷の遣いを迎える大事な日に、将軍のそばで刃傷におよんだことに将軍徳川綱吉は激怒し、浅野はその日のうちに切腹、赤穂の所領は没収になりましたが、一方の吉良にはとがめはありませんでした。この知らせを受けた赤穂藩の家臣は筆頭家老の大石内蔵助のもとで協議しますが、まずは幕府の命に従って城を明け渡すことにします。しかし、赤穂藩の再興の望みが断たれたことがわかると、大石は討ち入りを決意してひそかに同志を集め、念入りな準備を重ねて討ち入りを決行します。

　この事件の評価は当時からわかれていました。幕府の政治の相談役もつとめた儒学者の室鳩巣と荻生徂徠も、対照的な評価をくだしています。鳩巣は彼らを主君への忠義をつらぬいた義士として称賛しますが、徂徠はいかに忠義にかなっていても彼らは私情でふるまったのであり、幕府の公の秩序を乱したからには処罰しなければならないと説きます。浅野の切腹は幕府の命によるもので、吉良に殺されたわけではありませんか

96　第Ⅱ部　近世の思想

ら、吉良を討っても仇を討つことにはならず、それは幕府の命に背き、公の秩序を乱すことになるとも考えられるのです。

　一方でこの事件は江戸の民衆のあいだでは評判になり、歌舞伎や人形浄瑠璃の『仮名手本忠臣蔵』、講談になって人気を博します。そして、現代に至るまで多くの小説・映画の題材になっています。四十七士を忠義のヒーローとみる「忠臣蔵」の視点に対して、彼らを罰するべきと主張した徂徠の視点はどのようなものでしょうか。

道とは何か

　私たちは武道・芸道・茶道など道という言葉をよく使います。天体が運行するのは天道、万物が生育するのは地道、人の歩むべきは人道です。儒教の説く人の道は、徳とは何かを学んで立派な人格を備えた君子になることです。孔子が「吾十有五にして学に志す」と語ったのは、学問によって自己の人格を磨いて完成させ、世の中に乗りだす青雲の志をあらわしたものでしょう。

　一方で、荻生徂徠は道とはそのような個人の私的な修養ではなく、社会を安泰にする公的な政策や制度であると説きます。徂徠は仁とは為政者が天下を安泰にしようとする心がけであり、その心がけに従って作為された政治の方策や制度が道であると説きます。

安天下の道

　徂徠がそのような道を弁じて明らかにしたものが、『弁道』です。「それ道は、先王の道なり」、道とは天然自然にあるものではなく、先だつ王、古代中国の聖王たちが国を経めて人民の生活を済う経世済民を目的にして、知恵の限りをつくしてつくりあげたものです。「先王の道は、天下を安んずるの道なり」、それは安天下の道、天下を安泰にするために作為された社会の制度や習俗です。

　このように先王によってつくられた道は、具体的には礼楽刑政、礼法・音楽・刑罰・政治として存在します。礼楽、礼法と音楽は人民の人間性を養い、自然に感化する風俗や習慣です。刑政、刑罰と政治は人民のふ

るまいを規制する強制力をもつ手段です。道は言葉で説かれた道徳の教えではなく、文字を知らない民衆でも日常生活のなかで自然に従うことができる習俗や制度として存在します。ふだんは生業に忙しい民衆でも、正しい制度や習慣に従っていれば人の道にはずれることはありません。道は為政者が世を治め、人民が安心して暮らせるため作為した社会生活の枠組みなのです。

　たとえば礼は礼法・礼節で、生活における人のふるまいの規範・型となるものです。目にみえない心を直接に操ることはできませんから、それを礼という具体的なふるまいの規範に従うことで統制するのです。徂徠は礼がなくては、人間が一人で自分の心を治めることはできないと説きます。なぜならば「治めるものも心であり、治められるものも心となるからである。つまり自分の心で自分の心を治める」わけですから、うまくいかないというのです。そこで古代の聖王がつくった礼という規範に従うことによって、生活や態度を正して心を統制します。日々の生活習慣や行動の事実から心を安定させようとすることは、現代の行動療法の発想にも通じるかもしれません。

　これらの礼楽刑政をまとめて道というと徂徠は説き、それを人民を正しい方向に誘導する「術」であるととらえます。「術とは、それに従って実行すれば、自然に、知らぬうちに到達できるものである」。道はそのような術として、人民が意識せずに自然に正しく行動するようにしむける仕掛けなのです。それは詐術という悪い意味ではなく、そのような術をたくみに使って人民を正しい方向へと導き世の中を治める、為政者の知恵と工夫による技です。

億万人の道

　徂徠は人間の本性とは孤独なものではなく、生まれた時から共同で生活する社会的なものであると説きます。「相互に親愛し、相互に生み育て、相互に助力し養い、相互に是正し誤りからぬけ出させるのは、人の本性から生ずる行為である」。徂徠は「群れ」に入らず、孤立して生活できる人間がいるだろうか、盗賊でさえ仲間がいる、そうしなければ生活が

不可能であるからだといいます。このような人間の社会的な本性を発揮するためには、世の中の秩序が安定して平和でなくてはなりません。

　だから徂徠は「人間の「道」とは、一人についていうものではない。かならず億万人の人間が一つにまとまったものとして、言われているのである」と説きます。そのように億万人を1つにまとめる社会の道をつくったのが古代の聖王です。「億万人を統合して、その親愛し、生み育てる本性を十分に発揮させるようにできるのが、「先王の道」である」。

　徂徠は人を愛する心情があっても、実際に社会を治めて人々の生活を守ることができなければ仁者とはいえないと説きます。だから世の中で乱暴を禁じ、法をおかす者があればきびしく罰することも、それ自体は仁に反するようにみえますが、安天下の道には必要なことです。君主はみずからに従う万民をもち、庶民も家族や友人など苦楽をともにする仲間をもっています。自分を頼りにする人たちが、安心して満足に生活できるように責任をもつことが仁なのです。

　社会学者のウェーバーは『職業としての政治』で、行動の動機となる心情の純粋さを重んじる心情倫理に対し、行動の結果に責任を負う責任倫理を説きました。心情倫理はみずからの信条や原理に従って行動するところに価値があり、その結果は神や運命に任されます。しかし、ウェーバーは権力を行使して現実に対処する政治においては、結果を予測して行動し、その結果に責任を負う責任倫理が必要であると考えます。徂徠からみれば人格の修養は心情倫理であり、具体的な経世済民の政策を打ち出して、世を治めて人民の生活を救う安天下の道は責任倫理にもとづくことになるでしょう。人民の生活を守る責任を負うことが人への愛、仁であり、政治権力を担う者の「公」の責務なのです。

社会的存在としての人間

　徂徠は、人間を社会のなかでたがいに分業・協業してたすけあう社会的な存在としてとらえます。徂徠は人がそれぞれ生まれついた自然の素質をもつことを、「米はいつまでも米、豆はいつまでたっても豆です」とたとえます。これは能力や技能についてもいえることです。米を豆に

することも、豆を米にすることもできませんが、「米は米のまま、豆は豆のままで世の中の役に立ちます」。米は米なりに、豆は豆なりにそれぞれ生かすのが社会の働きであり、すべてが米でも豆でも社会は成り立ちません。社会全体の協業や分業を通して米や豆がそれぞれの役割を担い、それがあわさって世の中は立ちゆくのです。

かなづち・のみ・小刀・のこぎりがそろって大工の仕事ができるように、人それぞれの性格・能力・技能が集まって社会が成り立ちます。同時に社会の共同体のなかでこそ一人ひとりの技能や能力が発揮され、人としての本性が生かされます。社会の共同体の秩序と、人々の多様性はたがいにおぎないあって成り立つものなのです。

だれ一人見捨てない

徂徠は「自然も活物、人も活物」と説きます。人も自然も絶えずいきいきと活動して、予想をこえた展開をするものです。そのなかでものごとが適当な位置におかれて順調に活動することが善であり、適当な位置におかれずに活かされないことが悪であると徂徠は説きます。たとえば虎や狼を人間の社会におけば悪になりますが、自然の野に放てばのびのびと活かすことができます。ものごとの善悪はそれ自体にあるわけではなく、みずからを活かせる場所が与えられるかどうかで定まるのです。

人間もそれぞれの素質・性格・能力に応じて適所適材で活用されれば、だれでも自分を活かすことができます。その場所を与えることも安天下の道の役割です。徂徠は「君子は軽々しく人を見捨てることもしないし、軽々しく物を見捨てることもない」と説きます。どのような人も見捨てず、すべての人に力を発揮できる場を与えることが為政者の心がける仁です。徂徠はそのような億万人の一人ひとりを活かす社会の道の働きを重んじます。一方で朱子学は個々の行為の善悪にこだわるあまり杓子定規の道徳におちいり、本来の人を包み込んで活かす孔子の教えの大きさが失われてしまったと、徂徠は嘆きます。

徂徠は世の中を、ぼんやりした長男、遊び好きの三男、おめかしばかりの妻、まごつく不慣れな新婚の嫁、鬼婆（！）のような老女のいる一家

にたとえます(『答問書』)。何とも手のかかる困った家族ですが、いちいち目くじらを立てて四角四面に正そうとしてもきりがありません。それでも主人は天から授かった家族と思って大切にし、叱りながらもそれぞれが立ちゆくように、いつも心にかけて面倒をみていきます。領主が人民を治めることも同じだと徂徠はいいます。才能も欠点も入りまじった「活物」である人間が、それぞれに立ちゆくように面倒をみることが仁なのです。

　社会は多様な人間が入りまじって活力を生むダイナミックな「活物」であり、だれ一人見捨てることなく適材適所で生かすことができるという徂徠の考えは、現代のダイバーシティ(多様性)を尊重する社会にも通じる発想ではないでしょうか。

川越のある農民の話

　現在の埼玉県の川越にある農民がいました。生活に困窮して妻は離縁して里に帰らせ、一人の母親をともなって流浪します。途中で病に倒れた母親をやむなくその場に捨ておいて、1人で江戸に向かいました。地元の人が母親を助けて事情がわかり、この農民は親を捨てた罪人ということになりました。川越の領主であった柳沢吉保はこの親不孝な農民に怒って捕らえますが、そこには忠義の道徳に凝っていた将軍徳川綱吉への忖度があったようです。

　しかし、その頃、吉保に仕えていた徂徠は、「私が考えますのに、このような者が領内から出るようにしたのは、第一に農村を支配する代官や郡奉行の責任です。その上では家老の責任です。それより上の方にも責任者がいるはずです」といい、それに比べればこの農民の罪は軽いものであると発言します。この農民が親を捨てざるをえないほどの困窮に追い込まれたのは、村を統治する代官や奉行の不行き届きによるものであり、その責任は領主にもおよぶことを暗に示したのです。それを聞いた吉保は「もっともである」といい、親をやしなう米を支給してその農民を村に帰しました。

　徂徠の進言を受け入れた吉保の器量もさすがですが、徂徠は、自分

は左遷された父親にともなって少年の頃から13年間田舎で困窮した生活を体験し、いろいろな人の苦労をみたり聞いたりしていたので、このようなことがいえたのだと語っています。そして、幕府の重職につくのは富貴な大名が多く、民衆の難儀な生活ぶりを知らないと苦言を呈します。

あるとき徂徠は公用で田舎に行き、農民が食料として干していたドングリをもらい受けます。連れの同僚から猿にでもなったかと冷やかされますが、徂徠は自分は昔は食べるものに窮する生活を送ったことがあり、このドングリを江戸にもって帰り、農民の苦しい生活を「何にも御存知ない坊っちゃんたちへ土産にするのさ」といいます。[13]

「公」の思想

徂徠は赤穂事件では罰するべきだと主張し、川越の事件では親を捨てた農民を救うべきだと進言しました。一見真逆の判断のようにも思われますが、徂徠はつねに「億万人の道」を担う「公」の視点から発言し、その軸はぶれていません。

徂徠が「公」の秩序を重んじる根底には、つねに社会の底辺で生活に難儀している人民への済民の視点があります。江戸時代の救民の策は不十分で、生活に困窮した人民が住みかと職を失って流浪し、罪悪におちいることもありました。徂徠はそれは人民の罪ではなく、彼らの生活を守れなかった武士の責任であると説きます。人民に生活のたずきを与えて、流浪する人民を出さないことが武士の責務であり、流民の発生は武士がみずから恥じるべきことであるといいます。

徂徠は自分が17、8歳の頃、ある藩では生活に困窮した者が出るとすぐに住む場所と職を与え、担当の役人をつけて社会復帰に導き、一人も流民を出さなかったという話を聞いて、「これこそまことの仁政である」と感心したと語っています。現代でも社会における貧困や難民の問題は、だれもが安心して暮らせる生活を守る政治が取り組むべき重要な課題です。現代に「まことの仁政」はしっかりとおこなわれているでしょうか。

徂徠はこのような「公」の視点から、赤穂事件においては私情に流された同情論を退け、きびしい態度をとるのです。むしろ、そのきびしさ

は「公」の責務を担う幕府に突きつけられたものといえます。もちろん祖徠の「公」の思想は江戸幕府の「お上」の権力の側に立つもので、現代の民主社会の公共性とは異なります。そこには「お上」から人民をみおろす身分差別の意識もあります。しかし、社会の底辺で生活に難儀する民衆を救うことは武士の責務であると説く祖徠の「公」の思想は、決して人民を権力の道具や歯車として扱う粗野で非人間的な「全体」の思想ではありません。

古典を学ぶ

　祖徠は、六経と呼ばれる古代中国の古典を学ぶことを重んじました。六経とは『易経』(占い)・『書経』(政治)・『詩経』(詩)・『礼記』(礼法)・『春秋』(歴史)・『楽経』(音楽)の6つの経典を指します。古代中国では、詩・書・礼・楽の4つが君子の教養とされました。詩から人の豊かな心情、書(政治の教えや記録)から歴史や社会、礼から人のふるまいの規準、楽から豊かな情操を学ぶのです。易からは人知のおよばないものに対する態度が学べます。

　六経は古典ですから、政治や処世の実用的なノウハウを直接に教えるものではありません。古典は昔から人々がどのような心情をいだき、いかなる習俗や制度のもとに生きてきたかという事実を伝えるものです。「そもそも六経は、具体的な事物である。「道」はそっくりそこに存在する」。六経は「物なり」、昔の事物や事蹟について述べたもので、民衆が安心して暮らせるように古代の聖王が工夫した制度や習俗の道はすべてその事実のなかにあると、祖徠は説きます。

　祖徠が古典を重んじたのは、人間がいかに生きてきたかという事実を学び、人間とは何かをみつめることが大切だと考えていたからではないでしょうか。祖徠は人間も社会も「活物」として、いきいきと活動して思いもかけない変化や展開をするものととらえます。そのような「活物」としての人間や社会は、頭のなかの理論や理屈で割り切れるものではありません。古典を通して人間が生きてきた事実、人間とは何かという根本の真実を学ばなければ、目先の知恵だけで人の世はわからないと祖徠

は考えていたのでしょう。

　人間とは何かを学ぶ広い教養なくしては、人生や社会はいかにあるべきかを考えられないということは、現代の私たちへの示唆になると思います。現代人は功利性や成果主義に走り、人間とは何かをじっくり学んで考える「教養」を軽んじていないでしょうか。いくら知識や技能を身につけても、古典・芸術・歴史書などを通して人の心情に深く触れ、人が生きた事実に向きあい、人間という存在の根幹を学び、心に人間というものへの感動がなければ、本当に人の生きる道を切り開くことはできないでしょう。人間の生きる事実を学んで人としての体幹をしっかり育てなければ、知恵や技能はむなしい枝葉末節に終わってしまいます。徂徠は古典を通じて人間が生きた事実を広く深く学び、人間をみる目をもつことを重んじたのでしょう。

ポーカーフェイス

　徂徠は広い学識と鋭い才知をもつ学者ですが、杓子定規な道徳に凝り固まった道学先生は大嫌いです。人間を活物としてとらえる徂徠は、人も世の中も頭のなかだけの理屈では割り切れず、人生の体験を重ねながらみずからの肌身で学んでいくものだと説きます。

　たとえば人間とは才能もあれば疵もあるもので、疵のない人間などは人の顔色をうかがって口先ばかり上手な、つまらない人物であるといいます（『問答書』）。そして、そのような才能も疵もある人間を使いこなすためには、細かいことに口出しをせず、仕事を任せて自由にやらせてみて失敗を恐れないことが大切だと説きます。それは何度も落馬しなくては、馬を上手に乗りこなせないようなものなのだといいます。

　また、ある儒学に凝り固まった武士が親に仏教の信心を禁じたことに、そのような親不孝はするべきではない、年をとって友人も楽しみも少なく、念仏をとなえるほかすることもない老人のさびしさを思いやるべきだとさとします。そして、仏教もそれなりに世の中の役に立つこともあり、自分の学問だけでものごとの白黒をつけようとする態度を改めるべきだと忠告します（『問答書』）。今の世の中にも自分の理屈だけで人を決

104　第Ⅱ部　近世の思想

めつけ、ものごとの白黒をつけたがる「道学先生」はいないでしょうか。徂徠は机上の学問にとどまらず、世の中の甘いも酸いもかみわけ、清濁あわせ飲む度量を備えた、人間をみつめる目をもつ懐の深い人物です。

　徂徠は学問でライバル視した京都の伊藤仁斎のように、やさしさや温かさを表ににじませる庶民的な人物ではなかったようです。つねに幕府の公権力の側に立ち、プライドが高く傲岸にみえるところもあったと伝えられます。しかし、世の中には一見ポーカーフェイスでクールにみえ、言葉や表情には出さずとも陰で人のことを本人以上に深く考え、支援してくれる人がいるものです。つねに民衆の生活に目を注ぎ、「億万人の道」を説いてやまない徂徠はそのような思想家ではなかったかと、私は想像してみるのです。

思想の風景

荻生徂徠　　責任をともなう愛

荻生徂徠は「億万人」を1つにまとめ、人々がたがいに親愛し、産み育てる本性を十分に発揮できる安定した社会をつくることが道だと説きます。世を治めて安定させ、民衆の生活を救済する「経世済民」が政治や経済の目的であり、公の活動にたずさわる者の責務です。指導者の立場にある人間は、自分を頼みとする人たちが安心して暮らせるように責任をもたねばなりません。社会学者のウェーバーが心情の倫理に対して、結果に対して責任を負う責任倫理を説いたように、心情の美しさや純粋さに自己満足するのではなく、まわりの人たちの生活が立ちゆくように具体的に支援する責任をもつことが、社会的に成熟した愛のあり方でしょう。そのような社会的責任をともなう愛を、徂徠は仁であると説きます。現代の社会にこのようなまことの「仁政」はおこなわれているのでしょうか。

▼

12

穀物の精は人間、
宇宙の精は穀物である

安藤昌益

『自然真営道』の発見

　1899(明治32)年、学者の狩野亨吉のもとに古書店からみたこともない稿本(刊行される前の原稿)がもち込まれました。『自然真営道』、大序を入れて全101巻、93冊です。序文に書かれた宝暦5年は1755年で、江戸時代中期にあたります。狩野はこの稿本の手がかりを得ようとして、表紙に貼られた反古紙をはがしていると、手紙の断片から安藤昌益という名が明らかになります。秋田に生まれ、八戸で町医者をしていたことがわかりますが、それ以上の手がかりはつかめません。

　『自然真営道』は1923(大正12)年、東京帝国大学の図書館に収蔵されましたが、その年の関東大震災で焼失し、たまたま貸し出されていた12巻ほどが残りました。全巻を読んだのは狩野亨吉だけとされます。狩野は昌益の研究を論文にまとめて、1928(昭和3)年に発表します。その後にカナダの外交官ノーマンの『忘れられた思想家』で紹介され、安藤昌益は世に広く知られることになりました。昌益の思想は武士をみずから耕さずに農民の作物を貪り食う不耕貪食の徒と批判し、幕府の支配体制を否定するものであったため、世間に公表することをはばかって、共鳴者のあいだでひそかに読み継がれてきたものと推測されています。

　狩野亨吉は秋田県の代々の学者の家に生まれ、帝国大学(のちの東京帝国大学)の数学科を卒業後に哲学科に移り、そこで英文科の夏目漱石と親しくなります。倫理学の教授になり、のちに京都帝国大学の文科大学学長になった時に漱石を教授にまねこうとしますが、漱石は固辞して

106　第Ⅱ部　近世の思想

新聞社の専属になって小説に専念します。1年ほどで学長をやめ、その後は古書や絵画の鑑定を生業とし、収集した膨大な蔵書に囲まれて暮らしました。浮世絵や春画の収集家でもありました。世間の地位や名声よりも、自分の趣味や関心のある世界に没頭するタイプの人であったようです。そのような狩野が世に埋もれた安藤昌益の稿本を手に入れたのも、何かのめぐりあわせかもしれません。

自然の真の営み

『自然真営道』とは自然の真なるものが営む道という意味です。昌益は自然を「自リ然ル」と読み、「自リ行ウ」、それみずからする活動であるとします。そして、みずから万物を生成する自然の活動の本体を、「活キテ真ナルモノ」、活真と呼びます。その活真が万物を生育する自然の営みの道が、自然真営道です。

活真そのものは目にはみえないものですが、そこから万物を生成するエネルギーである気が生み出され、その気の活動によって万物が形づくられます。「一気ノ進退スルハ、真ノ営ミナリ」、宇宙に満ちる1つの気が進展して集まると形あるものが生まれ、後退して散じると生滅します。そのような気の進退による万物の生成の活動が、活真の営みです。

自然の気が進むと春には万物が発生し、夏に盛育し、気が退くと秋に実り、冬に収蔵されます。宇宙は、このように万物を生み育てる気の永遠の循環運動です。そして、そのような気が万物を生み育てる自然の働きが直耕と呼ばれます。万物を生育する自然の直耕に、田畑を耕す人間の直耕が対応します。昌益は自然の直耕の働きに従って、すべての人がみずからも田畑を直耕する世を自然世と呼び、社会の本来の姿とします。

宇宙の直耕・人間の直耕

自然の直耕の働きに従って人は春に種をまき、夏に草を刈り、秋に収穫し、冬に実りを貯蔵します。そして、麻や綿花から糸を紡いで布を織り、材木を切り出して家をつくり、衣食住をまかないます。男女が夫婦になって子を生み育てることも、自然の生成の活動である直耕とされま

す。「宇宙の人と物の活動は、衣食の道の一つに尽きる。それ以外に道というものはどこにもないのである。だから、道とは衣食を直耕することにほかならない」。昌益は直耕・直織の生活こそが人の道であり、儒教や仏教が言葉で説く道は架空のつくりごとにすぎないと批判します。

このような自然の真実の道に従って直耕する人間は、真人と呼ばれます。自然の生成のサイクルに従って大地を耕す農民こそが真に生きる人、真人なのです。自然の生成の働きは大地を耕す人間の生活を通してあらわれ、宇宙と人が一体になった直耕こそが自然の活真の営みの道、自然真営道です。

万人は一人の人間

人間の生業はみな自然の真なるものに従う直耕ですから、人は「万々人ニシテ一人ナリ」、すべての人は大地を耕す一人の同じ人であり、そこには何らの差別もありません。「天下の人間は全部が一人の人間なのです。すべての人間が一人の人間であるこの天下に生まれたからには……だれを治めるといって王になり、だれに対して王になるというのですか」、直耕して生きる人々は一人の同じ人間であり、支配する者とされる者の差別はありません。

このように自然のなかで直耕する農民の視点から、昌益の平等な人間観が説かれます。これは、理性的存在者としての個人の尊厳にもとづいて人間の平等を説く西洋の近代思想とは異なるものです。しかし、人間を自然全体の気の循環の1つの要素とみて、大地を直耕する生活者としての人間の平等を説く昌益の考えも、また真実ではないでしょうか。

五行と気

宇宙に循環するエネルギーである気は、木・火・土・金・水という、五行と呼ばれる5つの要素となってあらわれます。昌益は古代中国の陰陽五行説を独自に解釈し、宇宙をめぐる1つの気、一気が変化して姿をあらわしたものが五行だとします。宇宙の宇は空間、宙は時間を意味しますが、宇宙を循環する気は空間的には五行の要素となって万物を形成

し、時間的には四季となってめぐり、万物を育てます。

　五行は人間の生活に必要なものをすべて与えます。木は家屋・器具・耕具、火は炊事の煮炊き・灯火・暖房、水は飲み水や炊事・用水、土は居場所・田畑、焼けば鍋釜などの土器になります。金は地中に埋まって土を固め、水や大気を清く澄ませるものとされます。昌益はこの金を為政者が勝手に掘り出して通貨にして世の中に流通させたことから、人間の欲が増長して争いがおこったと批判します。もちろん鉄などを鍛えて生活の道具をつくることは自然な営みです。

土の思想

　この五行のなかで自然の活真は豊かな穀物の実りをもたらす土に根ざすものとされ、土活真と呼ばれます。土は宇宙の中央にある大地とされ、五行の他の要素を結びつけ、全体を１つにまとめる働きをします。土活真が大地の豊かな恵みをもたらすという考えには、大地を耕して穀物を生産する農民の生活を重んじる昌益の思想の基本があります。

　昌益は人間は穀物、とりわけ米から生まれたと説きます。「穀物の精は人間、宇宙の精は穀物なのである」、宇宙の活真の精気が穀物に集まり、その穀物を食べる人間に精気が凝り集まり、人間となってあらわれます。「穀物と人間とは一体のものなのである。穀物から離れたら人間というものはなく、（耕作する）人間がなかったら穀物というものはない……人間が生きようとしても、穀物が人間の食物とならなかったら、人間の生というものは不可能であるだろう。だから、穀物と人間とで一つの世界なのである」。このように農と食を通して宇宙の気の循環のなかに人の命をみる昌益の思想が、土を重んじたのも当然のことでしょう。

　米から人が生まれたと聞いたある人が、田んぼから人間が顔を出したのはみたことがないと反論したので、昌益はおこります。当時の人にも昌益の深い思想は、なかなか理解しがたいものだったのでしょう。しかし、地球環境や食料自給の問題に向きあう現代人にとっては、穀物と人間は１つの世界であるという昌益の考えは、むしろ身近なものではないでしょうか。

炉ばたの思索

　炉ばたは食物を煮たり焼いたりして食べる、人々の生活の中心です。昌益は炉に燃える明るい火をみつめ、はじける薪の音を聞き、鍋で煮える穀物のよい香りをかぎ、おいしく仕上がった食べ物を味わいながら、五感を働かせて思索にふけります。

　昌益は火が燃え上がる炉ばたの灰には、土の活真が働いていると考えます。炉の灰にあらわれる土活真の働きによって穀物が煮られ、人の胃に入って消化され、人間を身心ともに壮健にします。「食物を煮て口に入れ胃にいたって人間が生きる助けとなるのを常とするのは、すなわち炉中の灰である土活真の直耕のしわざであって……地の土活真が直耕してすべての生物が繁栄するのと同一の妙道なのである」。大地に実った穀物を炉の火で煮て食べることで気がやしなわれ、人間の身心は壮健になり、感覚は鋭敏になって宇宙の気と通じ、大地で宇宙と一体になって直耕することができます。炉にかけられた鍋で煮られた穀物に、万物を生かす宇宙の活真の働きが集約されています。炉ばたの火をみつめて思索にふける昌益の姿が、髣髴とします。

万物の互性

　気から生まれた万物の本性がみずからの内に反対物との関係を含んで成り立っていることを、昌益は互性と呼びます。気の進退によって形づくられた天地・男女・生死・冬と春・夏と秋・堅剛と柔弱などは互性によってたがいに一体になっています。互性はたがいに反対のものがおぎないながら1つに和合して、物事が完全な状態になることです。

　男女も互性をもつものとして、1つに和合して人になります。男は外に気が進んで耕作して食糧を生産し、女は内に気が進んで胎内で子どもを育てます。昌益は互性を備えた男女がおぎないあって一体となることを男女という字で表現します。男女（ひと）は1つの気の進退の運動によってあらわれた小宇宙です。「男女もまたこの小なる一宇宙であるから、男がなかったら女というものはなく、女がなかったら男というものもなく、また男女がなかったら宇宙というものもない」。このように互性に

よって成り立つ世界観には、同一性によってではなく、ほかのものとの差異の関係によってものごとをとらえる現代の哲学の発想に通じるところがあるようにも思われます。

しかし、このような互性で共存する平等な世界に、支配者は身分の上下の差別を設けます。昌益は「聖人が上下を差別する私法を立てたのは、知識がかたよっていて互性の真道を知らないからだ」と批判します。互性によって相反するものがおぎないあって成り立つ平等な世界には、差別はありません。このような互性の思想は、人間の多様性が共存して豊かな社会をつくるという現代の多様性（ダイバーシティ）の考えにも通じるかもしれません。

支配者への批判

万人が直耕する自然世ではすべての人は平等に自給自足し、収奪も戦争もありません。ところが古代中国の聖人がみずからを王と僭称し、自分では耕さずに人が耕したものを奪って貪り、身勝手な私法を定めたところからつくりものの世界、法世があらわれ、この世に貧困と争乱が満ちたと昌益は説きます。そして、自身の手からは一粒の米もつくらない王が、人の耕したものを貪り食い、人にやしなわれていながら人民に恩恵をほどこすとは正気の沙汰ではなく、笑止千万であると辛辣に批判します。仏教や儒教を説く者たちもまた、みずから耕さざる者であると批判されます。このように天下を盗んでぜいたくにふける上の者をみて、下の者はうらやみ、ねたんで、みずからが上に立とうと争いをおこします。天下を盗む王こそが、世の中の争乱の原因をつくっているのです。

「農は直耕・直織、食を安んじ、衣を安んずる無欲無乱の自然の天子である。だから、貴くもなければ賤しくもなく、上でもなければ下でもなく……自然宇宙に応じて私のない者である」。農民こそが自然の営みの道にそって生きる「自然の天子」なのです。昌益はいつか自然の活真の道に通じた「正人」があらわれ、万人直耕の平等な社会を実現するだろうと予言します。

近代自然科学と昌益

　『自然真営道』が書かれた18世紀の中頃には、日本にも蘭学を通して西洋の自然科学の知識が流入します。しかし、昌益は「わたしには師もなく弟子もない。だれにも教えず、だれからも習わない。真道はおのずから備わり、おのずから知られるのである」と語ります。このように『自然真営道』を東北の一角で「数十年」にわたって１人で書き続けた昌益の思想には、近代自然科学の知識に欠けるところもありますが、逆にそれにとらわれない独自な視点からの生命の宇宙観があります。

　自然の循環運動に人間の生命を位置づける昌益の世界観は、地球環境の問題に向きあう現代人にとってこそ身近なものではないでしょうか。自然を包括的な命の循環のシステムとみて、そこに直耕という平等な人間のあり方を説く昌益の思想は、私たちが人類の未来を考えるヒントになるのではないでしょうか。

「人ハ自然ノ全体ナリ」

　昌益は『自然真営道』の刊本の自序にこう書いています。「人ハ自然ノ全体ナリ」、人は自然の完全なあらわれである。「故ニ自然ヲ知ラザル則ハ、吾ガ身神（心）ノ生死ヲ知ラズ」、だから自然の営みを知らないときは、みずからの心身の生死さえわからない。「生死ヲ知ラザル則ハ、自然ノ人ニ非ズ」、みずからの生死がわからなくては、自然のままの本来の人ではない。「人ニ非ズシテ、生キテ何カ為ン」、本来の人でなくなって、生きて何をしようとするのか。人は自然の完全な活動として存在し、元気と病気、生と死はすべて自然の気の進退であることを知らずに、ただぼんやりと酔生夢死のうちに生きてどうするのかといいます。

　昌益は「自然通ノ達人」、自然の営みの道に通じた人があらわれることを期待して、この書をつづったといいます。未来の世に自然の営みを熟知し、大地を直耕する「真人」の世をつくる人があらわれることを昌益は期待します。

私はあなた

　昌益はこのように語ります。「さて、将来人々のなかにあって、わが『自然真営道』の一書を誦し、直耕する活真の妙道を貴ぶ人間がいるときには、それはとりもなおさず、『自然真営道』の作者の再来である」。万物は自然の活真が生み出した気から生まれ、そこへと帰っていきます。宇宙をめぐる気の循環からかつて『自然真営道』の作者があらわれ、この書を世に書き残し、そこへと消え去りました。そして将来、その気からこの書を読み、その思想を理解し、共鳴する者があらわれます。それは『自然真営道』の作者が再びあらわれることだというのです。この本を書き、読み、その思想を共有することは、私やあなたを通して自然の活真が働くことだからです。

　昌益はさらに「何度それをくりかえし、何年を経ようとも、誓ってこの世を自然活真の世にしよう」と語ります。昌益は『自然真営道』の読者となって繰り返しこの世にあらわれ、いつかすべての人が平等に大地を耕す自然世を実現しようと誓います。自然世を実現する正しき人、「正人」とはだれのことでしょうか。「いま果たしてわが『自然真営道』を読んでいる読者のあなたは、すなわちこの作者そのひとである」、それは今、この本を読んでいる私たちなのです。私たちこそが、支配する者とされる者の差別のない、すべての人が大地に根ざして生活の糧を生産する平等な社会の実現者なのです。

思想の風景

安藤昌益　　人と宇宙の直耕

　人間が大地を耕して「直耕」することは、それを通して宇宙に満ちるエネルギー(気)が万物を生み育てる「直耕」をおこなうことであると、安藤昌益は説きます。直耕してできた作物を食べることによって、宇宙の気が凝集して人間の心身となり、その命を育みます。このような農と食を重んじる昌益の生命の宇宙観は、地球環境と食糧問題に向きあう人類の未来を考えるうえで、ヒントになるのではないでしょうか。

13

もののあはれの花を咲かせん

本居宣長

青春の詩歌

　いつの時代も青春は歌や詩に心を躍らせる時節です。作家の島崎藤村は20代に書かれた『若菜集』などの詩集につけた序文で、「遂に、新しき詩歌の時は来りぬ。そはうつくしき曙のごとくなりき」と語ります。これは明治の近代文学における浪漫主義の宣言であるとともに、また命にめざめた青年の新生の宣言でもあります。「青春のいのちはかれらの口唇にあふれ、感激の涙はかれらの頬をつたひしなり……思へば、言ふぞよき。ためらはずして言ふぞよき……生命は力なり。力は声なり。声は言葉なり、新しき言葉はすなはち新しき生涯なり」。生命からわきたつ力は声となり、青春の言葉となり、その言葉が新しい人生を開きます。

　この藤村の序文からおよそ150年前、江戸時代の中期に、20代の若き国学者の本居宣長は「歌の本体、政治をたすくるためにもあらず。身をおさめる為にもあらず。たゞ心に思ふことをいふより外なし」、歌は政治や道徳に関わりなく、ただ心に思うことをそのままよむものと説きました。そこには心が美しいと感じるものをどこまでもまっすぐに言葉で表現していこうとする、文芸に込めた宣長の意気込みが感じられます。みずからの心情を「偽りも飾りもなき」(藤村)ままにうたう文芸の世界に、宣長も藤村も若い命の発露を求めたのでしょう。みずからの心情を言葉で表現する文芸に託した生き方について、みていきたいと思います。

心情をよむ歌の世界

　本居宣長は伊勢国(現在の三重県)松坂の商家に生まれました。22歳の

時に医師を志して京に遊学し、その頃に歌論『排蘆小船』が書かれます。そこで宣長は「生きとし生けるもの、すべて情をそなえたものにとって、その情をのべる、つまり、詠歌というのは、なくてはならないものである」と述べます。鳥や虫でさえ折に触れ、よい調べをたたえた歌声をあげますから、まして心をもつ人間に生まれて、みずからの心情を歌によむことができなければ、生きている甲斐がありません。美しいと感じたことを歌によんで表現することは、人が心情をもって生きることそのものなのです。

　宣長は「只その意にしたがふてよむが歌の道なり」、ただ心のままによむのが歌の道であると説きます。では、人が心に思うこととは何かといえば、「たのしみをねがい、くるしみをいとうのが人情の常であり、おもしろいことはだれにもおもしろく、かなしいことはだれにもかなしいからで、ただこころのままによんでゆくのが歌の本来のすがたである」と説かれます。宣長は「人情とはなにかといえば、もともと女やこどものこころのように、はかなく、たよりないものである。男らしく、剛直で、きりっとしているというのは、そもそも人情とは無縁のものである」と説きます。なぜなら「女やこども」は、自分の心をおさえることができずに、人情のありのままをさらすからだといいます。

　現代からみるとずいぶんと男女の古い固定観念にとらわれた偏見の表現ですが、ここではだれの心にも備わる心情の性向の型を指し示す符号ととらえればどうでしょうか。「女やこども」の心とはありのままの素直な人情を指し、「男らしく」ある心とは世の中の道徳によって縛られ、世間体を気にした偽りの心を指すものです。歌の世界では世間に拘束された「男らしく」ある心を退け、自然な「女やこども」の心で美しいと感じるままにうたうのです。

恋の歌

　恋ほどこの世のうれしさ、悲しさを味わわせる切ない心情はありませんから、歌に恋をよんだものが多いことは今も昔もかわりません。藤村のもっとも親しまれた詩の1つの『初恋』は、「まだあげ初めし前髪の

林檎のもとに見えしとき」と恋の初々しい感動をうたいます。

　宣長もまた「好色ほど人情にふかく根ざしたものはなく、むかしから恋の歌がいちばん多いのは当然である」と説きます。そして、恋の道についてこう語ります。「こころではあくまでしてはならないことだと思いながら、それをおさえることのできないほどのつよい情熱にうごかされるのが好色の道であり、そこでいけないことだとはしりながら、道ならぬ恋にのめりこむようなこともおこるのである」。ここには京に遊学した頃の青春の思い出が込められているのかもしれません。宣長は恋をよんだ歌には、「非道、淫乱の歌もまじっているだろうが、それは歌の罪ではなく、よむひとの罪である」といいます。歌は恋の美しさをよんで味わうものであり、実生活で恋にどう身を処するかはその人の問題であり、歌の責任ではないのです。

　さらに宣長は、「人間だれもが聖人ではないのだから、わるいこともするだろうし、それをこころに思うこともあるだろう。よいことばかりを考え、おこなうのが人間ではない。……だいたい、自分で自分のこころを思いどおりにできないのが、人間のつねである」といいます。歌の世界では、その心を美しい言葉に昇華して自由にうたえるのです。

　宣長は恋を思う心はだれでも同じであり、たとえ僧侶であっても恋の美しさを歌によむには何の差しさわりもないといいます。「善であれ、悪であれ、そのままよんでゆくのが歌である。こころをとらえた色欲を歌にする、よいではないか。それがよい歌なら、ほめたたえるのになんの遠慮がいるだろうか」といいます。世間の道徳に萎縮することなく、どこまでも自分の心が美しいと感じたものを言葉で表現するのが文芸の本質です。これは若き国学者宣長による、文芸の自律性の宣言といえないでしょうか。

　このような宣長の言葉は、西洋で14〜16世紀に人間のありのままの心情を文芸にあらわしたルネサンスの文芸復興の精神を思わせます。そこには恋をうたう文芸を突破口にした人間解放の自由な精神が満ちています。江戸時代の封建社会のなかで、宣長は人情を思いのままにうたう文芸の世界に、人間の心の解放を味わったのではないでしょうか。

言葉と美

　歌は美しい言葉でよんでこそのものです。「ことばにあやがあっては
じめて、そのまこともよくあらわれ、ひとを打つこともできるのであ
る」。美しい綾のある言葉でうたわれることによって、はじめてまこと
の美しさは人を感動させます。「よい歌をよもうと思えば、まず第一に
ことばをえらぶことである……ことばさえうつくしければ、……ことば
のうつくしさにひかれて、こころもしだいにふかくなってゆくものであ
る」。美しい言葉にひかれて心は美しさにめざめ、美的な感性が深まり
ますから、美しい言葉で語ることは美しい心で生きることなのです。

　歌の道を導くのは風雅の心ですが、宣長は何が風雅かは歌によんでみ
てわかるといいます。歌によんで何の感興もわかず、感動もおこらない
時、それは風雅でないことがわかります。富を求める財欲も人情ですが、
歌によんでも何の感興もおこりませんから風雅ではありえません。風雅
がまずあって歌によまれるのではなく、歌によまれることによってはじ
めて風雅が私たちの心によって発見され、味わわれるというのです。

　このような宣長の考えは、言葉とものの関係をあらわすものです。私
たちの日常的な意識ではまず対象が存在し、言葉はそれを指し示すラベ
ルのようにあとからそえられると思われています。しかし、対象は言葉
で語られることによって、はじめてそのようなものとしての〈意味〉をも
ってあらわれます。言葉によって語られなければ、ものの世界は漠然と
した無意味な背景にとどまるでしょう。たとえば虫の音を「声」と聞く
のは日本人だけで、西洋人の耳には雑音にすぎないともいわれます。日
本人がそれを「声」という〈意味〉あるものとして聞くのも、昔から風雅
なものとして歌によまれてきたからかもしれません。

　人の心情も言葉で語られることによって、漠然とした気分や想念から、
輪郭をもった〈意味〉として自覚されます。風雅の〈意味〉は言葉を通して
発見され、人々に伝えられて伝統として共有されます。歌は人の心情に
言葉による表現を与えることによって美の〈意味〉を創造し、歌を通して
ともに風雅の世界に生きることではないでしょうか。

花鳥風月の発見

　宣長は昔の歌に親しめば、その美しい言葉に導かれて風雅を知る心をもつことができると説きます。「むかしの歌に思いをよせ、たえずそれにしたしむようにすれば、いまの人情もおのずからそれに感化されて、むかしのひとのように、風雅のこころが生まれ、自然にそれが身につくようになるのである」。歌や物語などの文芸に親しむことで、言葉を通して心が感化され、四季のなかに花鳥風月や雪月花などの風雅なものごとをみつけることができます。

　哲学者のマルクスは『経済学・哲学草稿』で、美しい音楽は人間の音楽的感覚を呼びおこし、人間はそこにみずからの音楽的感覚の能力を確認すると説いています。だから非音楽的感覚しかもたない動物には、美しい音楽は存在しません。自然はただ客観的に認識される対象ではなく、人間は自然のなかにみずからの能力の表現を見出すのです。そのように私たちは歌によんだ花鳥風月や雪月花などの美的対象に、みずからの美的感覚の能力を見出します。言葉でうたうことを通して、人間の美的感覚は美しい対象となって世界の風景に結晶します。宣長は「みるもの、きくもの、あるいは、うつりかわる四季の風物などを、おりにふれ、こころにふれて歌によみ、それに工夫をこらす、という習慣ができていれば、この世の中につまらないものはひとつもない」と説きます。

　これは、絵画を描くことによって自然の美の風景を発見することに通じるでしょう。芸術において語ること、描くことはたんなる自然の模写や再現ではなく、創造した美を世界に見出す美の創造的発見です。それは美術史家のブルクハルトが、ルネサンス芸術について説いた「世界と人間の発見」、自然の美の風景を発見しつつ、その美をみつめる人間を自覚することに通じるでしょう。宣長の説いた歌の世界も、風雅の美の発見とその美意識に生きる人間の新生の体験といえないでしょうか。

嘘とまこと

　宣長は「いま」の人の心は嘘偽りや飾りが多いといいます。『万葉集』や『古今和歌集』などの古代の歌は、実直にありのままの心をよみまし

たが、中世以降の「いま」の歌は「すべてうそである」とされます。し
かし、心情のままをよむものが歌ですから、宣長は今の人は嘘の心のま
まにうたえばよいと説きます。「うそが多いいまの人情のままに、むか
しの歌のまねをし、それをつみかさねることによって、むかしのひとの
こころになりきり、むかしのひとがもっていたこころの自然を回復する
ことである」。嘘でよいから昔の人の歌のまねをしてよむうちに、それ
に感化されて昔の人のまことの心にとけいり、それと一体となれるとい
うのです。

　宣長は『新古今和歌集』こそ歌の美しさの究極の到達点であると高く
評価します。ところが『新古今和歌集』は人の心に嘘や飾りの多くなっ
た中世に入ってからつくられていますから、平安朝の『古今和歌集』な
どの三代集をまねています。そのため宣長は三代集を手本にし、そのま
ねをして歌をよむ努力を続けてゆけば、珠玉のような『新古今和歌集』
の歌に似たものをよめるようになると説きます。嘘や飾りが多くてもそ
のままの自然体で進めば本物に近づけると説くところには、宣長の理屈
にこだわらないおおらかさが感じられます。まねや模倣をしていてもい
つか本物になろうという気持ちがあれば、やがて本物になれるというこ
とは、人生のいろいろな場面にも通じるかもしれません。

もののあはれの花を咲かせる

　宣長は『源氏物語玉の小櫛』で、『源氏物語』の本質は「あはれ」の
美を表現し、それを味わうところにあると説きます。「「あはれ」という
のはもと、見るもの聞くもの触れることに心の感じて出る嘆息の声で、
いまの世の言葉にも「あゝ」といい「はれ」というのがそれである」と
説かれます。「あゝ」見事な花だ、「はれ」よい月かなという感嘆の声が
重なって「あはれ」ですから、昔はそのまま「は」と発音したのですが、
後世に「あわれ」と発音するようになったといいます。「かならず「あ
はれ」と感ずべきことに出会った折にはその感ずべき風情をちゃんと知
って感ずるのを「あはれを知る」というのである」。
　江戸時代の封建社会では、『源氏物語』は男女の道を乱す不倫の物語

であると儒学者から批判されました。これに対して宣長は、物語のよし
あしは政治や道徳におけるよしあしとは別の次元であるといいます。「物
語で人の心や所業のよい悪いはどういうものかというと、だいたい物の
あわれを知り、風情があって、世の中の人の心にかなっているのをよし
とし、物のあわれを知らず、風情がなく、世の中の人の心にかなってい
ないのを悪しとするのである」。物語の世界では人や自然の美しさを知
り、風情や風雅があることがよいことなのです。

　「この心ばえを物にたとえていえば、蓮を植えて愛でんとする人が、
濁っていて汚ないけれど、泥水をたくわえるようなものだ。物語に不義
の恋を書いてあるのも、その濁った泥を愛でるのではなく、物のあわれ
の花を咲かせようとするためのものにほかならぬ」。光源氏の不義の恋
は泥水から蓮の花が美しく咲くようなもので、たとえ不義を犯したとし
ても恋の美しさを知っている点で、源氏はもののあはれを知る心ある「よ
き人」なのです。宣長は歌や物語の世界に、政治や道徳の世の中から独
立した自律的な美の言葉の世界をみつめます。

文芸から神話へ

　歌や物語は世の中の現実や功利的な視点からみれば、架空の世界に
すぎないとみられるでしょう。しかし、宣長にとっては「もののあはれ
の花を咲かせる」文芸の世界こそが、人の心情のままに生きる真実の世
界だったのです。言葉で語られた歌や物語の風雅の世界こそが、みずか
らが生きるに値する〈現実〉だったのでしょう。

　そのような宣長は、『古事記』に語られた神代の世界にあるべき国家
の〈現実〉を求めます。文芸から神話へは飛躍があるようにみえますが、
そこには言葉で語られた古典の世界に、古来の日本人の固有の道、古道
を探究する国学の一貫した姿勢があります。宣長は『古事記』を研究し
て、「天下統治の事業は、もっぱら神代からあったがままに行なわれ、
いささかもさかしらを加えることがないのをいう」と説き、神の子孫と
される天皇を中心にした神代のままのおのずからなる世、惟神の道の
世界を理想としました。

文芸には作者がありますが、神話には編纂者はあっても作者はいませ
ん。宣長は言葉で語られているからには、神代の昔はそのようであった
のだろうと素朴に語ります。宣長は作者のない神話に、人間の「さかし
らを加えることのない」神のおのずからなる世界をみたのでしょう。し
かし、そこには物語の語り手の主体性と責任を求める意識は希薄です。
　このような国学の思想は幕末の王政復古の運動に影響を与え、明治以
降は神の子孫とされた天皇を中心とする国家体制のイデオロギーへとつ
ながりました。しかし、作者のないおのずからなる神の世界に託して語
られた国家観においては、それを説く主体がだれなのかがあいまいなま
まになります。神話にゆだねた国家観のなかで、日本人の主体性の意識
を欠いたものの考え方が醸成されたのではないでしょうか。それが日本
は神国であるという戦意高揚の掛け声とともに太平洋戦争を戦い、敗戦
後にその責任の所在があいまいなままになる、日本人の当事者意識の欠
如につながっていないでしょうか。
　人間はみずからが主体的に考え、発言し、議論し、決断した自覚がな
ければ、責任を負う意識をもてないものです。これは現代の、そして将
来の日本社会を考えるうえで、歴史を振り返って確認しておくべきこと
であるように思われます。もっとも宣長からすれば、それは恋の責任が
歌にはないように神話の責任ではなく、神話を利用する人間の責任とい
うことになるのかもしれません。

思 想 の 風 景

本居宣長　　美の創造的発見としての文芸

本居宣長は言葉によって美の世界を創造する文芸のもつ、世間の掟や道徳からの
自律性をとなえました。文芸の世界は世間からは架空のフィクションとみなされ
るでしょうが、現実は言葉によって語られることによって、そのようなものとし
ての〈意味〉をもちますから、文芸は言葉によって美しい〈意味〉をもつ世界を創造
的に発見することといえます。人間は洗練された美しい言葉を語ることによって
美の創造的発見をおこない、美的な世界に生きることができるのです。

第III部
近代・現代の思想

上：東京駅
下：新宿の高層ビル群

▼ 14

独立とは自分にて自分の身を支配し 他によりすがる心なきを言う

福沢諭吉

福沢諭吉の青春物語

　福沢諭吉は幕末に豊前国（現在の大分県）中津藩の下級武士の子として生まれました。諭吉は独立心が旺盛な少年でしたが、武士社会では親の身分の上下が、そのまま子どもの世界にもありました。晩年に人生を振り返った『福翁自伝』で、諭吉はつぎのように語っています。家老の子は家老、足軽の子は足軽、「チャント物を箱の中に詰めたよう」な封建社会のなかで、いくら自分が学問や腕力でまさっていても上の身分の子には頭を下げなくてはなりません。ある時はくやし涙を流し、「ばかばかしい、こんなところに誰がいるものか、どうしたってこれをモウ出るよりほかにしようがない」と思います。「門閥のゆえをもってみだりに威張るは男子の愧ずべきことである、見苦しきことである」という信念は、少年の頃から諭吉の心に形成されたものです。

　19歳の時に兄についてオランダ語を学ぶために長崎にいくチャンスにめぐまれると、「一度出たら鉄砲玉で、ふたたび帰って来はしないぞ」と意気込んで出かけます。その後、大阪の緒方洪庵の適塾に入門してオランダ語を学びます。ある時塾生と花見をしていると向こうの方で火事がおこります。火事見物にかけつけますが、いつのまにか荷物を運んだりタンスをかついだりの大手伝いをし、まわりの人は握り飯を出し、酒を飲ませてくれます。諭吉はみずから認める「大酒飲み」です。どうにもこたえられぬ面白さで、さんざん手伝って酒を飲んで帰ります。

　そのような豪快な諭吉もこと勉学になると、「この上にしようがない

124　第Ⅲ部　近代・現代の思想

というほど」打ち込みます。適塾ではオランダ語の会読の日があり、それまでに塾に1つある辞書を塾生で使いまわして、だれにも教えてもらわずに自力で原書を読まなければなりません。昼夜の区別なく本を読み、机につっぷして寝るか、床の間の床縁を枕にして寝るかで、この1年間布団をひいて枕で寝たことがなかったとはじめて気がつくほどであったといいます。

　23歳で江戸に出ますが、横浜にはイギリス人がきておりオランダ語が通じません。諭吉はすぐさま英語を独習し、25歳の時に幕府の渡米使節団に通訳として加わり、咸臨丸で太平洋をこえてアメリカに渡ります。プレジデントは国民の「入り札」で選ばれ、個人の実力で評価されます。代々、将軍の子は将軍と決まった江戸の封建社会とは天地の開きです。諭吉の憧れた、身分や家柄ではなく、個人の才能と実力で評価される自由な社会がそこにあったのです。

　晩年、諭吉はこの航海について、オランダ人からわずか5年ばかり航海術を習っただけで、他人の手を借りず自分たちの力だけで太平洋を渡った日本人の勇気と技術は、「世界に誇るに足るべき事実だろうと思う」と語ります。太平洋の大海原をこえてゆく咸臨丸は、日本の未来の象徴であるとともに、青年福沢諭吉のはつらつとした人生の船出でもあったのです。

『学問のすゝめ』

　諭吉はその後ヨーロッパもめぐって欧米の文明を見聞し、慶應義塾を開いて若者の教育にあたり、1873（明治6）年、明六社に参加して、出版物による国民の啓蒙活動に力を注ぎます。インターネットなどない当時、情報を発信する有力なツールであった出版物を使って、諭吉は明六社の仲間とともに日本人の啓蒙のために活動します。

　啓蒙とは英語ではenlightenment、闇を明るく照らしだすことで、古い因習や迷信にとらわれた無知蒙昧の闇を払い、理性の光で真実を明るく照らしだすことを意味します。啓蒙思想は18世紀のヨーロッパで理性の進歩を信じる思想家たちによって広まりました。諭吉たちは封建社会

14　福沢諭吉　　125

の因習にとらわれた人々の考え方を理性の光によってめざめさせ、日本社会の近代化を進めようとします。

『学問のすゝめ』は1872（明治5）年に初編が出版され、順次に17編まで出されて合計で300万部をこえる大ベストセラーになったとされます。その初編の冒頭に、有名な「「天は人の上に人を造らず人の下に人を造らず」と言えり」が出てきます。これはトマス＝ジェファソンが起草したアメリカ独立宣言の"All men are created equal"にもとづいたものとされますが、諭吉はequalをそのまま「平等」と訳しただけでは、当時の日本人に訴える力がないと思ったのでしょう。この本が出る数年前までは、人の上に人がおり、人の下に人がいる江戸時代の封建社会が270年間続いていました。そこで東洋的な「天」の思想を用いながら、天は人の上にも下にも人を「造らず」と二度否定したところに、諭吉の力の入れようが感じられます。ここには才能がありながらも下級武士として不遇に終わった父親を思い、「門閥制度は親の仇でござる」と語った諭吉の思いも込められているのでしょう。

Right——権理通義

諭吉は英語のrightを権理通義、略して権義と訳します。権理は人の権利、通義は世の中に通じる正しい道理で、あわせて普遍的な社会の原理としての人権を指します。「権理通義とは、人々その命を重んじ、その身代（財産）所持のものを守り、その面目名誉を大切にするの大義なり」、今でいう生命権・財産権・名誉の権利です。

『学問のすゝめ』の冒頭はこのように続きます。「万人は万人みな同じ位にして、生まれながらに貴賤上下の差別なく」（平等権）、「万物の霊たる身と心との働きをもって天地の間にあるよろずの物を資り、もって衣食住の用を達し、自由自在」（自由権）、「互いに人の妨げをなさずして」（公共の福祉に反しない限り）、「おのおの安楽にこの世を渡らしめ給う」（幸福追求権）。こうしたことが、天の趣旨とされます。

このように基本的人権の思想を、大政奉還から5年後の世でだれもが読んでわかるように工夫して語ったところに、『学問のすゝめ』が広く

読まれた理由があったのでしょう。日本国憲法のもとに生まれた私たちは、生まれた時から自由・平等の権利を自明のものとして空気のように扱っています。しかし、明治に生きた先人が過去の封建社会の束縛と差別の歴史のもとでの忍従を経て、ようやく手にした自由・平等の権利をわがものとして人々に広め、後世に伝えようとした努力と意気込みを忘れてはならないでしょう。

ミルの他者危害の原則

　『学問のすゝめ』と同じ年、明六社に参加する中村正直によってイギリスの思想家J.S.ミルの『自由論』が『自由之理』として翻訳されて出版されました。19世紀のイギリスの民主社会において自由を重んじたミルは、他者に危害を加えない限りは、人は自由にふるまってよいという他者危害の原則を説きます。諭吉もまた「自由とわがままとの界は、他人の妨げをなすとなさざるの間にあり」と説きます。これはミルの他者危害の原則です。
　　　　　　　　　11

　ミルは本人の自由な意志でおこなったことであれば、仮にそれが本人に不利益になることであっても、他者や社会に危害を与えない限りは本人の自己責任であると考えます。「個人の一身上の事がらにおいては……決定は、その結果を引きうけることになる人々にゆだねられるべきである」。ここから本人にとってたとえ不利益になる愚かな行為であっても、社会に危害を加えない限りは、本人の意志でおこなうことに社会は干渉すべきではないという、愚行権の考えが生まれます。
　　　12

　その愚行が世間の非難にあたるにしても、それよりも個人の自由と多様性を最大限に尊重することが、個人の能力の発展をうながし、社会の進歩につながるとミルは考えます。たとえば自分の財産を浪費して遊ぶ放蕩の愚行は、世間の忠告や非難は浴びるでしょうが、政治の権力で罰することではないことになります。ミルは何が自分の幸福であるかは本人の決定に任せられるべきであって、社会が干渉することではないと考えます。

個人の自由と社会的道義

　一方で、他人のさまたげにならなければ何をしても自由かというと、論吉はそうではないといいます。放蕩三昧は人の悪い手本になり、世の中の風俗を乱して人の道の教えをさまたげますから、社会に対する罪であると論吉は戒めます。ここには個人の「自由自在」の権利においても、人としての社会的な道義に従うべきであるという明治人の道徳観があります。現代においても法的責任がなくても、社会に対する道義的責任が問われることがあります。

　明治期の作家夏目漱石はのちに『私の個人主義』で、自分の考えや意志を「本位」、基準や尺度にして生きる「自己本位」の生き方を説きました。しかし、そのような個人を尊重する考え方には、「自己の個性の発展を仕遂げようと思うならば、同時に他人の個性も尊重しなければならない」という社会的な「道義」がともなうと説きます。それは「金力」の場合も同じで、富を所有する人はそれを使うことで社会に与える影響を考え、社会のためになるよう「徳義心」をもって使う責任があり、そうでなければ「世の中にすまない」と漱石はいいます。そのような社会への道義に裏打ちされた個人主義を、漱石は「私の個人主義」というのです。

　現代には法をおかさず他人に迷惑さえかけなければ、「何をしても自分の勝手だ」という風潮もあります。たしかに自分の人生を生きるのに、まわりの目を気にして萎縮する必要はありませんし、社会が法をこえて個人に干渉すべきではありません。しかし、人々とともに生きているという視点から、自分の行為を振り返って吟味することも必要ではないでしょうか。人々とたがいにたすけあう社会生活のなかに私たちの人生が成り立ち、そこで個人の権利も主張できます。私の人生ですが、私だけの人生ではないことも事実です。

　私たちは社会のなかで協働・協力し、たがいに手を差しのべあい、たすけあって生活しています。そこには社会的な良識やモラル、たがいの人としての品位や尊厳を尊重することが前提条件になります。自分だけを視野に入れて権利を主張しがちな現代人は、そのような社会的な「道

義」を忘れてはならないでしょう。個人の自由の権利はそのような社会的な道義や良識に裏打ちされて、はじめて人としての品格にふさわしいものになります。

実学を学ぶ

　人は基本原理としてのright、権義においては平等ですが、現実の人々の生活ぶりは千差万別です。諭吉は「その本を尋ぬれば、ただその人に学問の力のあるとなきとによりてその相違もできたるのみにて、天より定めたる約束にあらず」といいます。

　では、その学問とは何かというと、難しい古文を読んだり、和歌や詩をつくったりすることではありません。「古来、漢学者に世帯持ちの上手なる者も少なく、和歌をよくして商売に巧者なる町人もまれなり」。諭吉は漢学や和歌を否定するわけではありませんが、そのような教養的な学問はあとにまわして、まず「もっぱら勤むべきは人間普通日用に近き実学なり」、人間の日常生活に有用な身近な学問、すなわち実学だといいます。実学は手紙・帳簿・ソロバンの仕方から、地理や歴史で広い世界を知り、物理学や化学で自然を研究し、経済学で世の中を富ませるまであります。修身学（道徳）も人とまじわって世を渡るために必要な実学とされます。要は「私立の活計をなす」、みずから生活を立てる能力を身につけることが実学であり、「ゆえに世帯も学問なり、帳合いも学問なり、時勢を察するもまた学問なり」です。

　実学はまた、「実事を押え、その事につきその物に従い、近く物事の道理を求めて今日の用を達すべきなり」、事実をとらえ、事実にそってよくものごとの道理・法則をみつけて生活の役に立てるべきだと説かれます。事実の経験から見出された法則は、それを応用して事実を改善するための力として応用できます。このような実証的な経験科学の重視も、理性による人類の進歩を説く啓蒙思想の特色です。諭吉がすすめる「学問」は、日常でも研究でも人生を切り開く力となる実学なのです。

独立自尊の精神

　諭吉は「一身独立して一国独立す」、一人ひとりの国民が独立して生活する気力をもつ時、国の独立も保たれると説きます。「独立とは自分にて自分の身を支配し他によりすがる心なきを言う」。自分でものごとの是非を判断する人は、他人の知恵に依存せず、自分で働いて生活を立てる人は、他人の財産に依存しません。そのような自由独立の気風が国民に広まることで、自分の国を自分の身に引き受け、国の独立を守るために力をつくすことができるとされます。政府にすべてを任せて、国に「いそうろう」して見物するだけの「食客」のような国民では、国の独立はおぼつかないと諭吉はいいます。

　19世紀に西洋の列強諸国によるアジアの植民地化が進むなかで、日本の独立への危機感をいだいた諭吉は、国家になくてはならないものは「人民独立の気力」であると説きます。国民がみずから「私立」の事業をおこして産業・商業・学問・出版などを盛んにし、「一個私立の活計」をはかる、個人で自分の生活を立てることが文明を進め、国の活力となって独立を守ることになります。何でも国に任せる国民の当事者意識の欠如が、社会を衰退させることはいつの時代も同じでしょう。

　独立の気力のない人間がいかに情けないかを、諭吉はこのように描写します。「独立の気力なき者は必ず人に依頼す、人に依頼する者は必ず人を恐る、人を恐るる者は必ず人に諛うものなり。常に人を恐れ人に諛う者はしだいにこれに慣れ、その面の皮、鉄のごとくなりて、恥ずべきを恥じず、論ずべきを論ぜず、人をさえ見ればただ腰を屈するのみ……目上の人に逢えば一言半句の理屈を述ぶること能わず、立てと言えば立ち、舞えと言えば舞い、その柔順なること家に飼いたる痩せ犬のごとし」。今の世にもこのような鉄仮面の「痩せ犬」がいないでしょうか。

人を放つ

　諭吉は自分に誇りをもって独立して生きる「独立自尊」の精神を説きます。そして、国民が自分の身の独立をはかり、さらに他人の独立をたすけ、親は子に、教師は生徒に独立を教え、すべての国民が自立的に生

130　第Ⅲ部　近代・現代の思想

活をして国の独立を守るのが一番よいといいます。

　論吉は晩年には国家主義的な考えに傾きますが、『学問のすゝめ』ではこのようにいいます。「人を束縛してひとり心配を求むるより、人を放ちてともに苦楽を与にするに若かざるなり」、政府や役所が国民を束縛して自分たちだけで国の心配をするよりも、国民を自由独立の生き方へと「放ち」、ともに国の独立を考えるのが一番なのです。

　私たちは役所や学校などの社会的組織の規則や制度に人を従わせれば、それでよしと思っていないでしょうか。むしろ人を自由独立へと放って育ててこそ、社会は活力のある真の秩序を実現します。日本にはそのような人を「放つ」ダイナミックさが、いまだ欠けているのではないでしょうか。それが現在の日本の企業も研究も教育も、国際社会で今ひとつ飛躍できない停滞の雰囲気をもたらしているのかもしれません。そのようなことを思う時、論吉は現代の日本人に独立自尊の精神を「すすめ」ているように思われます。社会的な道義に裏打ちされた、個人の自由でダイナミックな活力こそが求められているのではないでしょうか。

思 想 の 風 景

福沢諭吉　　人を放つこと

　下級武士の家に生まれ、若い頃から語学力と西洋の知識を身につけて人生を切り開いてきた福沢諭吉は、「独立自尊」、自分の力で生計を立て、社会的に自立して他人に頼らずに生きる自分に誇りをもてと説きます。そして、そのように個人の力で「私立の活計」をなす気力と能力のある国民が集まり、「独立自尊」の気風が社会にみなぎることで、国家の独立も保たれると説きます。そのため諭吉は国や役所は「人を放つ」、国民を自由独立へと放ち、自立して生きる力を育てるべきだといいます。現代の日本においても、上意下達のお役所仕事、人を縛る管理主義から親の過保護・過干渉にいたるまでの弊害を一掃し、人を自主独立へと放って活動させるダイナミズムが求められているのではないでしょうか。一方でそのような個人の自由には、社会的道義や責任がともなうことも忘れてはならないでしょう。

▼

15

わが日本、古より今にいたるまで哲学なし

中江兆民

『一年有半』

1901(明治34)年、54歳の中江兆民はのどにがんをわずらいます。兆民があと寿命はどれくらいか隠すことなく教えてくれと医師に頼むと、医師はしばらく沈黙したあと一年半と答えます。「一年半。諸君は短いというだろうが、わたしは悠久だと言おう。もし短いと言いたいなら、十年も短いし五十年も短い。百年でも短い……もし、することがあって楽しむなら、一年半はまさしく利用するのに十分ではないか」。

大阪に滞在していた兆民は、好きな人形浄瑠璃の公演を夫婦でみに行き、また、自分の思いのすべてを原稿に書いて弟子の幸徳秋水に渡します。それが『一年有半』です。みずからの余命を題名にしたところに、死にも、いかなる権力や権威にも屈しない兆民の不屈の精神がうかがえます。『一年有半』はベストセラーになり、兆民はさらに『続一年有半』を書いて、その年の末に亡くなります。この2冊を通して、兆民が私たちに残した人生最期のメッセージを読んでみたいと思います。

兆民と自由民権運動

兆民は土佐国(現在の高知県)に生まれ、18歳で藩の留学生として長崎でフランス語を学び、やがて24歳で明治政府の司法留学生としてフランスに渡って政治や法律を学びます。帰国後は『東洋自由新聞』を創刊して活発な言論活動をおこないます。兆民はこの新聞について「自由の字をとって表看板にしたのは、この新聞がはじめてだったはずだ。目的が

132 第Ⅲ部 近代・現代の思想

専制制度を攻撃し、自由平等の大義を説いたのだから、時の政府にとってはまさに正面の敵であった」と語ります。また、ルソーの『社会契約論』の一部を漢訳し、「東洋のルソー」と呼ばれます。兆民は自由・平等・博愛の三大原則にもとづくフランスの共和制を理想にする一方で、当時の日本の現状にあうように、立憲君主制を経て段階的に民主主義へと進む方向を示します。

　自由民権運動は明治10年代に全国に広がり、国民の代表が議論する場である国会の開設と憲法の制定を訴えました。各地で民間の有志が起草した私擬憲法案がつくられ、東京の五日市の民権家の千葉卓三郎がつくった憲法案は、出版・表現の自由、信教の自由、結社・集会の自由など人権の保障に重きをおいたきわめて民主的な憲法案でした。地元の地主層の学習会によって議論されて、1881（明治14）年につくられたとされます。江戸の封建社会が終わって10年少しで、このように在野の人々がみずから民権を議論した歴史が日本にあったのです。兆民もそのような在野の一人として民権を主張し、活発な言論活動をおこないました。

「民権これ至理なり」

　兆民は『一年有半』でこのように語ります。「民権これ至理なり、自由平等これ大義なり」、民権は人類の究極の法則、理法であり、自由平等こそ人類の大いなる原理です。「これら理義に反する者は竟にこれが罰を受けざる能わず、百の帝国主義ありといえどもこの理義を滅没することは終に得べからず」、いかなる国家といえどもこの道理を無視することはできません。なぜなら人民がいなくては王や将軍や大臣はありえず、国とは自由平等の民が結束してつくったものであり、民あっての国だからです。兆民というペンネームに象徴されるように、つねに億兆の民とともに進むという信念は兆民の生涯をつらぬくものでした。

　兆民は日本人は「理義」、道理や原理にもとづいて考えることができないと批判します。「日本人は利害にはさといが、理義にくらい。流れに従うことを好んで、考えることを好まない。それも、ただただ考えることを好まないのだ。だから、天下のもっとも明白な道理をも放ってお

いて、怪しんだことがない」。理義にもとづいて考えれば、すべての人間が自由平等の民権、すなわち現代の人権、human rightsをもつことは明白です。そのような理義、道理・原理に徹して考えることが日本人はできないと兆民はいいます。

「わが日本に哲学なし」

兆民は「わが日本、古より今にいたるまで哲学なし」と喝破します。日本人には理義にもとづいて根本を考える哲学がなく、「哲学なき人民は、なにごとをしても深い意味がなく、浅薄さをまぬがれない……自分でつくった哲学がなく、政治には主義なく、政党の争いでも継続性がないのは、原因は実にここにあるのだ」。まるで現代の私たちに語りかけているようです。

では、兆民はどのような哲学を求めたのでしょうか。人間が自由平等であることの理を考えることも哲学です。さらに兆民はみずからの哲学を「ナカエニスム」と呼び、『一年有半』を書き終えたあと、わずか10日から20日ばかりでその要旨を書き上げます。病床で切開した気管の呼吸も絶え絶えで、身も鶴のようにやせながら、しかし、筆をとれば勢いづき、まわりが心配しても、「書かなくても苦しさは同じだ……書ねばこの世に用はない、直ぐに死でも善いのだと答えて、セッセと書く、疲れれば休む、眠る、目が覚めれば書くという風であった」と幸徳秋水は記します。そして、「書けば限りがない、病気もよほど進んだからこれぐらいにしておこう」といって原稿を秋水に渡します。それが『続一年有半』です。

ナカエニスムの哲学

『続一年有半』で兆民は哲学を「理学」、宇宙の道理・理法を探究する学問と呼びます。人間の利害や願望に引きずられず、理に徹して考えることが哲学です。そうした時に神の存在や霊魂の不滅などは、人間に都合よくつくられた非論理的な迷妄にすぎないと兆民はいいます。「生まれて五十五年、やや書を読み、理義を解していながら、神があるの、霊

魂が不滅のというようなたわごとを吐く勇気は、わたしは不幸にして所有しない」と兆民は明言します。

　兆民は精神は身体という本体から発する働きであるととらえます。したがって、身体が死んで元素に還元されれば、その作用である精神も消滅するのが「理」、正しい道理です。「身体は本体である。精神はその働き、つまり作用である。身体が死すれば精神は即時になくなるのである」。それは炭が灰になり、薪が燃えつくせば、炎が消滅するのと同じです。精神はあとをとどめず消え去り、身体は元素に分解されて、その元素は新たなものに姿をかえて宇宙に残るといいます。

　また、この世で善人が報われず、悪人が栄えるのを正すために、死後の世界で神の裁きが必要だという宗教家の説には、「人類中のことは人類中でやってのけ、不正はおいおいと避け、正義をおいおい近寄せることにつとめる、すなわち自己の脚跟下のことは自己の力で料理する」べきで、それをしない「自己社会の不始末」を、神や霊魂の不滅の想像でかたづけようとすることは意気地なしだといいます。ここには知恵と努力で社会を「おいおい」に進歩させることが人間の自己責任であるという、兆民の信念があります。

　また、神が無から世界を創造したという説に対しては、「真空管」のなかからは何も生まれず、無から有るものは生まれないのが道理であるといいます。世界は無始無終、つねに元素の離合集散を繰り返していると説かれます。私たちは元素の組み合わせによってAがBに姿をかえたのを、Aが無くなった、Bが生まれたと思い込んでいるのです。

光彩を放つ精神の炎

　ナカエニスムの哲学は精神を身体にもとづく作用としますが、決して精神が物質としての身体に隷属していると考えるわけではありません。むしろ、「身体の働き、つまり作用としての精神は、身体の解離しない間は立派に存在して、つねに光を発している」と、精神の活動をたたえます。推理・想像・感覚・感情・意志などの精神の作用は、身体から放たれる「輝かしい金碧の光彩」にたとえられます。そのあまりに輝かし

い光彩のために、人は精神を主人、身体を奴隷に取り違えて、精神を永遠の実体と錯覚する空虚な霊魂不滅説におちいるのです。

　身体を土台にしながらも、精神の「光」は宇宙のすべてのことを考え、思考によって宇宙をつつみこむ無限の働きをします。これは17世紀の科学者・思想家のパスカルが、人間の尊厳を考えることに求め、「空間によっては、宇宙は私をつつみ、一つの点のようにのみこむ。考えることによって、私が宇宙をつつむ」と語ったことに通じるでしょう。

　兆民は精神を永遠不滅の霊魂のように実体化しなかったからこそ、神の裁きや死後の世界といった「迷妄」にとらわれることなく、精神の自由・平等を主張できたのではないでしょうか。王侯であれ、庶民であれ、その身体から発する「金碧の光彩」のような精神は自由平等です。兆民のたとえでいうならヒノキの薪を燃やそうが、松の薪を燃やそうが、そこから発する精神の炎の光にはかわりがありません。兆民はその何ものにもとらわれない自由無碍の精神の光を生き、みずからの考えを自由に活発に発言します。

　『中江兆民奇行談』という本が出るくらい、兆民には数ある奇行のエピソードが伝えられています。兆民は世間の偉そうに格式ばったこと、上品ぶったふるまいを嫌い、それを徹底して打ち壊してみせます。ある演説の場で背中に屋号の入った印半纏に、紺のももひきの車夫の姿で登場したこともあったそうです。みずからの思想を語るのは、モーニングや羽織袴姿の人も、人力車を引く車夫も平等であるという信条を伝える兆民一流のパフォーマンスでしょう。世の中の人の職業や地位は千差万別ですが、そこから放たれる精神の炎の活動はみな自由平等です。それは身体の解体とともに消滅しますが、働いている時にはだれにとっても平等で、何にもさまたげられない自由の炎です。その自由平等の精神の最期の光芒を放って、兆民は病床で原稿を書き続けます。

意志の自由・自省の能力

　兆民は意志の自由について、磁石が鉄をひきつけるように、ものの性質が一方的に意志を誘うなら意志の自由はなくなるが、他方で意志の自

由がすべてでもないといいます。もし、意志が何をするのも自由なら、日頃から善い生き方を学んで心の修養を積んだ意味がありません。道徳の修養を積んだ孔子と、盗みの習慣を積んだ大泥棒の石川五右衛門とでは、自由な意志の使い方が違います。意志の自由とは「何をするのも自由だというのではなく、平生習ってきたものに決める自由がある」ということであり、日頃から身につけた正しいものを選び、不正なものを避ける習慣にもとづいて意志が動くことが自由です。そのために、兆民は幼児からの教育や、平生の交友が大事だといいます。

　最後に兆民は自省の能力、いま自分が何をおこない、何を考えているかを反省することが大切だといいます。「この自省の能力があるからこそ、自分がなしたことの正か不正かを自知するのである。だから正ならばみずから誇り心に愉快を感じ、不正ならばみずから悔恨するのである」。ただ漫然とぼんやり生きるのではなく、つねに自己をかえりみ、人間としてのあり方を吟味し、「俯仰天地に愧じぬ」、天を仰いでも地に伏しても、心にやましさがなく恥じることのない時、はじめて精神はみずからを楽しむ自適の境地に達します。それは兆民にとっては、みずからが金銭や権力に屈することなく、人類の「大義」である人間の自由平等をつらぬいて生きたことを意味するのでしょう。兆民は「悠然として南山を見る」という陶淵明の詩を引いて、みずからの55年の人生を見渡すような、満ちたりた精神の自足の境地を語って最期の原稿を書き終えます。

三宅雪嶺の哲学

　兆民が日本に「哲学なし」と語った時、本当に日本には哲学がなかったのか振り返ってみたいと思います。日本人の手になる独自の哲学と評される西田幾多郎の『善の研究』が世に出たのは、兆民が亡くなって10年ののちです。では兆民が活動していた頃はどうかと見渡すと、1つ目にとまるものが三宅雪嶺の著作です。

　三宅雪嶺は陸羯南、志賀重昂らとともに国粋主義をとなえた人物です。しかし、雪嶺はたんなる国家主義者ではなく、深い哲学的な思索にもとづいて発言した人です。雪嶺は若い頃に哲学を学び、雑誌『日本人』を

発行して日本固有の文化を尊重する国粋主義、外国の圧迫に対抗して国威を発揚する国権主義をとなえます。しかし、政府の威圧的な態度とは一線を画して、雪嶺は国民の自由な言論から国威発揚の活力に満ちた機運が高まることを期待します。

このような言論活動の一方で、哲学的な思想の確立にも力を注ぎます。1891年に著した『真善美日本人』では、日本の固有の文化や能力を発揮して西洋文化をおぎない、人類の真・善・美の理想を実現するべきだという、人類的視野に立った国粋主義を説きます。雪嶺は西洋文化一辺倒の風潮には反対しつつも、世界の国々がそれぞれ固有の文化を発揮して、人類の真・善・美の理想に貢献するべきだと主張します。

さらに雪嶺の哲学は宇宙的視野へと拡大し、宇宙を大きな1つの有機体とみて、無数の細胞の活動が1つの有機体を形成するように、人類の活動があわさって宇宙の秩序を形成すると説きます。雪嶺はそれをピラミッドにたとえます。「埃及の一ピラミッドは幾万の人の力に成れり。人類の世界は幾億々万人の力を費すべきや、其の存在する限り、力を之に効さゞる能わず」。この人類というピラミッドが存在する限り、人間はこの建設にあずかって力を発揮せざるをえないのです。それが何のために建設されるのか、どのような形になるのかは個人には知ることができませんが、そこには個人の意志をこえた人類の意志、さらには宇宙がみずからを完成させようとする意志のようなものが働いていると雪嶺は考えます。そして、そのめざすものが何かは直接知ることができなくとも、みずからの活動が人類や宇宙の秩序の形成に貢献することを自覚して、臆することなく自己の固有の能力を発揮するべきだと説きます。

真・善・美という「此の三面を備うる世界は妙不思議、人類は此の妙世界を建設するが為めに現われ出で、苟も生存する限り、之を建設するに従事す」。雪嶺はだれもが人知をこえた真・善・美のすぐれた世界の建設に貢献しており、人の才能や役割は千差万別ですが、その建設に「功労」がない人は一人もいないと説きます。

このような人間に与えられた能力を十二分に発揮して人類と宇宙のために活動するべしという考えが、日本がアジアに進出して世界の舞台

で勇躍すべきという国権主義にもつながります。現代からみれば、ここには時代に制約された雪嶺の思想の古さがあり、日本人の自己批判につながるべきところがあります。もちろん、現代の私たちの考えも、また未来の人たちからみれば時代に制約された古さをもつことでしょう。

明治人の気骨

　民権を主張した兆民と、国粋をとなえた雪嶺の思想的な立場は対照的です。しかし、新聞や雑誌における在野のジャーナリストとしての発言が、みずからの哲学に裏打ちされている点は共通しています。兆民の人類の大義としての自由平等の民権にせよ、雪嶺の真善美の世界の建設、国粋文化の保存と国権の発揚にせよ、そこにはみずからの哲学をもって発言し、何ものにも屈しない明治人の気骨、信念をつらぬく不屈の精神が感じられます。

　兆民と雪嶺では現在の歴史的な評価は異なりますが、彼らがその歴史のなかでみずからの哲学をもって発言した姿勢は同等だと思われます。今から100年前、日本に「哲学なし」といった兆民に対して、現代の私たちはみずからの哲学をしっかりもっているといえるでしょうか。彼らのような自分の哲学にもとづいて発言する気骨、道理に徹した不屈の信念が私たちにあるかどうか振り返ってみてはどうでしょうか。

思 想 の 風 景

中江兆民　　億兆の民とともに

中江兆民は世の中の権威や権力、もったいぶった格式や偉そうな態度に反抗しながら、1人の自由平等な人間としていうべきことをいいつくして、言論人としての人生を生き通しました。その言動は「兆民」のペンネームの通り、億兆の民とともに歩むという人々との連帯に根ざしています。現代の私たちも萎縮して沈黙におちいらず、自由平等な人間として堂々というべきことをいう勇気をもち、人々との連帯を生みだす言論の力を信じて、人間を差別し抑圧する社会の現実と戦っていくべきではないでしょうか。

▼
16

自分のようなものでも、
どうかして生きたい

島崎藤村

3代の物語

　島崎藤村の小説『夜明け前』は、幕末から維新にかけての日本の近代の黎明期を舞台に、木曽街道の馬籠宿の本陣に生きる人々の人間像を描いたものです。主人公の青山半蔵は藤村の父がモデルです。青山家は先祖が馬籠を開いて以来、二百数十年続く馬籠の庄屋・本陣を代々受け継ぎます。半蔵の父の青山吉左衛門は、先祖代々の馬籠の庄屋・本陣として徳川の封建社会を生きます。それを受け継いだ半蔵は、国学者の平田篤胤の没後の門人となり、維新の王政復古の世に期待をいだきます。半蔵の末の息子の和助は藤村自身がモデルで、文明開化の時代に近代文学に生きる道を模索します。

　青山家の3代の人たちは、それぞれの時代のなかで心の葛藤をかかえながらみずからの生きる道を求めます。藤村も人生で何度も挫折の涙を流し、そこから「再び生きる」ことを願い、みずからの「新生」を求めます。ここでは藤村ら3代の人たちの姿を通して、幕末から維新の激動の歴史のなかで、挫折の涙から再び立ち上がり、みずからの「新生」を求めて生きる人間像をみたいと思います。

馬籠の本陣・吉左衛門

　馬籠宿は、江戸と西国を結ぶ木曽街道の西の端にあります。徳川御三家の名古屋の尾州藩の所領で、木曽福島の関所を守る代官山村氏の支配下にありました。参勤交代の行列が通る時、吉左衛門は大名が宿泊する

140　第Ⅲ部　近代・現代の思想

本陣をつとめ、数百人、ときには千人をこえる大行列の通行の世話を取りしきります。その膨大な荷は街道の宿場から宿場へと継立されて運ばれ、牛馬も使われますが、荷を背負って運ぶ人足も村から駆り出されました。

　吉左衛門はそのような本陣をつとめながら、先祖が開いた木曽の山里で村人とともに暮らします。村人は許された山で木を伐り、狭い田畑を耕し、味噌や醤油や酒をつくり、糸を紡いで機を織り、営々として生活を営んでいます。そこには木曽の豊かな自然に根ざした、昔ながらの大地に足をつけた生活があります。

　吉左衛門の若い頃からの無二の親友が、ともに宿役人をつとめた伏見屋の金兵衛です。そのモデルになったのが造り酒屋の大黒屋で、藤村はその主人の日誌を手に入れ、それをもとに『夜明け前』を書きました。

　2人がいつも上機嫌で語る昔話があります。「金兵衛さん、ほらあのアトリ（獦子鳥）三十羽に、茶漬三杯——」「それさ……わたしも今それを言おうと思っていたところさ」。昔、山里で小鳥がおびただしくとれた年があり、村人が一興をもよおして、アトリ30羽に茶漬け3杯を食べれば、さらにアトリ30羽を与える、食べられなかったら逆にアトリ60羽を差し出させることにします。それに2人は参加して残らず食べ、ほうびのアトリを30羽もらったという話です。それを思い出して、「あんな面白いことはなかった。」「いや、大笑いにも、なんにも。あんな面白いことは前代未聞さ。」「出ましたね、金兵衛さんの前代未聞が——」と2人は笑いあいます。2人はともに宿場の苦労を味わっていただけに、楽しいこともまたひとしおの思い出だったのでしょう。このような山里の豊かな自然と、村人の人情のなかに吉左衛門の人生がありました。

　吉左衛門はこうもいいます。「俺に言わせると、人間の仕事は一代限りのもので、親の経験を子に呉れたいと言ったところで、誰もそれを貰ったものがない。俺も街道のことには骨を折って見たが、半蔵は半蔵で、また新規播き直しだ」。それぞれの代には、その時代にあわせた自分なりの仕事のやり方があるというのです。時代の移りかわりのなかでたとえ親から教えられたとしても、同じことを繰り返すことはありません。

仕事も人生も、みな「新規播き直し」で一から始めるものでしょう。吉左衛門の息子の半蔵も孫の和助（藤村）も、みなそれぞれの時代のなかで一から人生を始めていきます。

　やがて老いて病をわずらった吉左衛門は、家督を半蔵にゆずって隠居します。大政奉還、明治維新という時代の変遷をはためにし、「あの徳川様の代に仕上ったものがだんだんに消えて行くのを見た。俺も、もう長いことはあるまい」と目を潤ませます。それはみずからが生涯をかけて宿場で手がけてきたことが、消え去ることでもあります。

　私たちは時代の移りかわりや不慮のできごとで、それまで自分が積み上げてきたことが崩れ去っていくことを目にすることがあります。それはつらくさびしいことですが、それでもみずからが生きる時代のなかで、その場、その場で精一杯のことをしていくのが人生でしょう。

　先祖の開いた馬籠で庄屋・本陣として生涯を終えた吉左衛門は、先祖の建てた寺の墓地に葬られます。藤村が資料にした大黒屋の主人の日誌は、吉左衛門のモデルである藤村の祖父の一周忌の日で終わっているそうです。

理想を追う人・半蔵

　息子の青山半蔵は若い頃から平田篤胤の国学に傾倒します。その教えは各地に広く伝わり、武士から農民にまで門人がありました。父の吉左衛門は半蔵が学問にのめり込むことを心配しながらも、人には学問が大切であると思って息子の学問を許します。

　国学は古典文学の解釈を通して日本人の古来の生きる道、古道を明らかにしようとしました。国学を大成した本居宣長は、『古事記』の研究を通して日本古来の神の道に行き着き、神の子孫である天皇を中心にする神代のままの世を理想としました。平田篤胤はその神の道に従う復古神道をとなえ、幕末の王政復古の運動に影響を与えました。半蔵はそのような国学を学ぶ者として、天皇を中心に万民が一体となる王政復古の世に期待をかけます。

　そこには中世以来の武士の支配が終わり、古代の神の道にもとづいて

天皇を中心に民衆が一体になって楽しむ社会が実現するという期待があ
りました。また、日本古来の神々への信仰のもとに、人々の心が１つに
なるという宗教的な願いもありました。しかも、それが「草叢のなか」
から民衆によっておこったという考えに、半蔵は自分たちの待ち望む世
がきたと胸をふくらませます。

　半蔵は国学で古来の神々の道を学び、神々に向きあうことで自己の目
覚めに導かれました。『古事記』に記された神々に向きあう半蔵には、
天地の開いた神代から続く神の国の民としての自覚が生まれます。それ
は地域に伝わる伝統的な神仏を祀る村落の共同体をこえて、天地を開い
た神々に照らしだされ、神代のままの世に生きる新生の体験です。そこ
から、神の子孫である天皇を中心に万民が一体となった王政復古の世へ
の強い期待が生まれます。そこには神話を介しながらも、封建的な幕藩
体制をこえた近代の統一国家の黎明の光がみえます。

　半蔵が本居宣長の『直毘霊』を読む場面があります。「直毘（直び）と
はおのづからな働きを示した古い言葉で、その力はよく直くし、よく健
かにし、よく破り、よく改めるをいう」。半蔵はその神のおのづからな
働きが今、人々の心にあらわれて世をまっすぐに、すこやかなものにし、
武士の支配する世を破り、改めることを期待するのです。神の御心のま
まに生きようとする半蔵の胸には、「一切は神の心であろうでござる」
という師の平田篤胤の言葉が浮かびます。半蔵は平田派の門人ですから、
宣長の思想に触れた場面は藤村の創作になるものかもしれませんが、い
ずれにしても、このような国学の思想は半蔵の王政復古への期待を高め
ます。

理想と現実

　しかし、時代はそのような半蔵の期待に反して動いていきます。維新
後、尾州藩が管理した山林は官有とされ、それまで村人が木曽の五木を
除いて木を伐ることが許されていた明山でさえ、立ち入りを禁止されま
す。生活のために木を伐った村人は盗伐の罪で逮捕されます。半蔵はこ
の「山林問題」に立ち上がり、戸長となった元庄屋と連名で嘆願書を役

所に出しますが、逆に戸長を罷免されます。武士の権力が消滅したあと
は、新しい政府と官吏の権力が人民を支配します。天皇と民が１つにな
って世を楽しむ王政復古の理想が遠のいていきます。

半蔵は遷都がなった東京に出ますが、そこで西洋文化の模倣に浮き足
立つ世相を目にし、政府が古来の神の道に従う神政一致の方針から後退
したことに失望します。近くに明治天皇の御幸があった時、半蔵は思わ
ず国の行く末を憂う歌を書いた扇子を馬車に向かって投げ、その場にひ
れ伏したまま捕らえられます。事情が斟酌されて釈放されますが、半蔵
の心は傷つきしずみます。半蔵はその純粋な心を失わないゆえに、理想
から遠ざかっていく現実に心を痛め、憂国の思いをつのらせるのです。

半蔵はみずからの居場所を求めて、遠い飛騨の山里の神社の宮司にな
るために旅立ちます。しかし、王政復古の理想は追っても追っても遠く
なるばかりで、平田門人としての誇りもくだかれ、半蔵は畳のうえに額
を押しつけて涙を注ぎます。藤村は「この涙は人を打ち砕く涙である」
と書きます。理想を求める純粋さゆえに流す半蔵の涙は、苦悩する父へ
の藤村の思いであるとともに、藤村自身がいくたの挫折の涙を流して生
きてきたことを物語るものでしょう。

４年後、宮司の勤めを終えて馬籠に帰った半蔵の失意は深く、やがて
われを失って先祖が建てた寺に火をつけ、狂気と苦悩のうちに座敷牢で
生涯を閉じます。藤村は明治の維新について、「その理想のみを見て現
実を見ないものの多くは躓いた。その現実のみを見て理想を見ないも
の多くもまた躓いた」と語ります。半蔵は王政復古の理想をあまりに純
粋に求めたゆえに、現実につまずいたのです。

近代的自我の模索・和助

学問を大切に思う半蔵は、下の２人の息子を東京に遊学させます。ま
だ幼い末の息子の和助が藤村です。半蔵は「和助は学問の好きな奴だで、
あれは俺の子だで」といいます。故郷の言葉で何度も小説で繰り返され
るこの言葉は、藤村を父の思い出に結びつけるものだったのでしょう。

小学校を終えた和助は、手紙で父に英学を学ぶことを許してほしいと

願い出ます。半蔵はまだ心もやわらかく感じやすい未熟な息子が、西洋ばやりの時代の波に押し流されるのではないかと心配しますが、新しい時代の洋学の必要性も感じていたのでしょう、和助の願いを許します。かつて自分が国学を志した時、それを許してくれた父吉左衛門を思ったのかもしれません。みずからも学問で道を切り開いてきた半蔵は、学ぶことは異なっても学問を志す和助に未来を託したのです。

　『夜明け前』の父と子の物語はここで終わります。故郷の父の死を13歳の藤村は東京で知ります。その後の歩みは小説『桜の実の熟する時』『春』などで、自身をモデルにした岸本捨吉に託して語られます。それは若き藤村の青春の彷徨と蹉跌の歩みです。

　藤村は明治学院で英学を学んだのち、人生の春に憧れる20歳の頃の思いをこう語ります。「延びよう延びようとしてもまだ延びられない、自分の内部から芽ぐんで来るもののために胸を圧されるような心持で……何時来るとも知れないような遠い先の方にある春」を待ち望んでいた、「ほんとうに自分の生命の延びて行かれる日が待遠しかった」。しかし、その命ののびゆく春はまだ遠くのかなたです。

自己の新生の旅

　『春』の主人公岸本捨吉は女学校の英語の教師になりますが、そこで１人の女学生に恋心をいだきます。岸本は２人の立場を考えて苦悩しますが、やがて彼女は故郷の親の決めた相手と結婚するために東京を去ります。これは20歳で明治女学校の英語教師になり、教え子との恋愛に苦悩した藤村自身の体験にもとづきます。

　岸本の精神は大きく動揺し、自分が身を寄せる叔父の家が自分の居場所とは思えなくなり、ものの奥底に隠れた意味を考え出し、洪水があふれてきて押し出されたように家を飛び出します。頭を剃って僧侶のような恰好になり、あてどなく東海道を歩いてくだります。疲労と空腹で精魂つきはて、海辺に出て「万事休す！」と心で叫びます。しかし、偶然にその近くの寺に仮寓していた友人の青木夫婦に救われます。青木は北村透谷がモデルです。青木もまた文学を志し、愛する女性と自由結婚を

しますが、創作に行き詰まり、妻と幼い子を抱えて生活に苦悩しています。2人はともに文学を志す明治の若い世代として、人生の苦悩をわかちあいます。

　やがて岸本は身を寄せていた叔父の家に戻ります。なぜ家を飛び出してあてのない旅に出たのかと問われても、「岸本は無言である。彼が無言なのは、言えて言わないのではない、言えなくて言わないのである」。黙っている岸本に、家人は当惑するばかりです。「彼が其日まで経て来たことは、すべて、遽に起った『新生』の光景である。何の目的があって、其様な長旅をしたかと問い詰められても、それは口にも言えず、目にも見えない」。口にもいえず、目にもみえないもの、それは青年の求める人生の「新生」の光景です。若い頃は遠くへの旅に憧れる気持ちがつのるものですが、それは自己の命の「新生」を求める心の旅なのです。

慟哭の涙

　自己の「新生」へと至るまでは、鬱々とした暗い道のりが続きます。友人と雑誌『文學界』を創刊した藤村は、透谷の評論を読んで感激し、透谷も『文學界』に参加します。しかし、透谷はものごとを突き詰める深刻な性格から精神的に疲れ果て、25歳でみずから命を絶ちます。透谷の死後、その部屋にはおびただしい草稿が捨てられずに残されていました。『春』ではその草稿を通して、友人であり文学の先輩であった透谷の苦悩の姿が描かれます。

　青木(透谷)は部屋で1人、暗い、重苦しい気持ちでみずからの草稿の下書きを読みます。そこには文学を志す者の悲壮な決意が記されています。「『吾人は記憶す、人間は戦う為に生まれたるを……戦うに剣を以てするあり、筆を以てするあり……彼の一生は勝利を目的として戦わず、別に大に企図するところあり。空を撃ち、虚を狙い、空の空なる事業を成して……必死を期し、原頭の露となるを覚悟して家を出づるなり――』……ここまで読んで、青木は草稿を閉じて了った。彼はその下書の上へ這倒るような風をして、額を畳に押宛て、慟哭した」。
　実社会からは「空」ともみえる文学の理想の世界に手をのばして届か

ぬまま、地に倒れ伏して慟哭する者の涙は、青春と呼ばれる人生の稀有な時を生きる若者こそが、心の底から共感できるものでしょう。藤村の小説にはしばしば慟哭の涙の場面が出てきます。それは前を向いて理想をめざして生きようとするがゆえに、立ちはだかる壁にはばまれて流す無念の涙であり、藤村自身が流した涙でもあります。

「どうかして生きたい」

　岸本は友人がそれぞれの道を歩みはじめるなかで、自身の進むべき道をみつけられずに苦悩します。さらに一家の生計を支えていた長兄が商売でだまされて収監され、家族の生活の負担がその肩にかかります。岸本は家族の生活費の工面に疲れ果て、生きる気力さえ失いかけます。しかし、それでも自己の新生を求め、「自分は自分だけの道路を進みたいと思って居た。自分等の眼前には未だ未だ開拓されて居ない領分がある──広い潤い領分がある」と将来に望みを託します。そして、「親はもとより大切である。しかし自分の道を見出すということは猶大切だ。人は各自自分の道を見出すべきだ」と決意します。

　『春』は、岸本が東北の地に教師の口を得て旅立つところで終わります。岸本は列車の車窓からさびしい雨の風景をながめながら、「ああ、自分のようなものでも、どうかして生きたい」と、みずからの新生を切に願います。どのような困難のなかにあっても、「どうかして生きたい」という命の本源に根ざした欲求から、人生の新生への期待が生まれます。藤村はその後、仙台で教師をしながら『若菜集』などの詩集を発表し、みずからの文学の道を歩みはじめます。

「再び生きる」

　『夜明け前』で半蔵が「再び生きる」という言葉を語る場面があります。父親思いで、国学の御霊の教えに心を寄せる半蔵の娘のお粂が、婚礼を前にして心を動揺させて自害をはかります。半蔵は一命をとりとめて療養するお粂に、国学の先人が求めようとしたものは魂を求めて「再び生きる」ということだと語り聞かせます。「お粂は眼に一ぱい涙を溜めな

がら父の励ましに耳を傾けるほどで、一日は一日よりその気力を回復して来ている」と書かれます。

　この「再び生きる」という言葉は、若き日から涙に打ちくだかれながら人生の「新生」を求めてきた藤村に、心のなかの父が語ったものではないでしょうか。藤村は年をとるとともに、自分の苦悩を聞いてもらえる唯一の人として父への思慕の情を強めます。半蔵の心優しい人間像には、そのような父に寄せる藤村の思いがあります。

　藤村は40代に差しかかる頃に妻を亡くし、子どもの世話のため家に手伝いにきていた姪と男女の関係になります。やがて彼女は妊娠し、藤村は世間の非難の目を逃れるように１人でフランスに渡ります。事情を知らない友人たちは、藤村の渡航の前途を祝います。藤村は「斯の世に居ない父の前へ自分を持って行き、父を呼び、そのたましいに祈ろうとさえして見た。あだかも父に別れたまゝの少年の時のような心をもって」といいます。そして「最後に行って地べたに額を埋めてなりとも心の苦痛を訴えたいと思う人は父であった」と語ります。それは、父もまた蹉跌の涙とともに苦悩のなかに生きた人だったからです。

　藤村は父親が世を去ったのと同じ50代半ばから、『夜明け前』を書きはじめます。それは少年の頃に死別した父の人生を振り返ることで、心のなかで父の苦悩とともに生きることであったかもしれません。藤村にとって「自分のようなものでも、どうかして生きたい」という思いを受けとめてくれる唯一の人は、心のなかの父だったのでしょう。「再び生きる」という半蔵の言葉を涙をためて聞いたのは、藤村自身だったかもしれません。

「太陽の言葉」

　私たちは先のみえない人生に迷って行き詰まり、ある時は重い足が上がらず一歩も前に進めず、その場にうずくまることもあります。自分の人生を生きるというこの当たり前のことが、なぜこんなにも困難であるのかと思います。それでも「どうかして生きたい」という命の根源の声を頼りに、なんとか重い足を前へと踏みだします。

このように苦悩の涙から「再び生きる」ことをめざして、人生を何度も「新規播き直し」で始めることが生きるということでしょう。藤村ら三代の人たちも、それぞれに苦悩のなかから命ののびゆく新生を求めました。

藤村に有名な「太陽の言葉」があります。「わたしは幾度か太陽を見失ったこともある。太陽を求める心すら時には薄らいだこともある……けれども、一度自分の内部にも太陽が登って来る時のあることを知ったわたしは、幾度となく夜明けを待ちうける心に帰って行った……誰でもが太陽であり得る。わたしたちの急務はただただ眼の前の太陽を追いかけることではなくて、自分等の内部に高く太陽を掲げることだ」。これはいくたの人生の挫折を味わい、生来の憂鬱の感情に悩まされながら生きた藤村の、偽らざる告白でしょう。

人生は山あり谷ありといわれます。平凡な言葉ですが山の時にはおごらず、谷の時にはひたすらたえ忍び、新たな日が射すのを待ちます。みずからのうちに太陽がのぼる命の新生を待ち望みながら、挫折の涙のなかから立ち上がり、「再び生きる」ことを信じて、人生を一歩一歩踏みしめていくのが私たちの生きる道ではないでしょうか。

思 想 の 風 景

島崎藤村　　自己のなかにのぼる太陽

島崎藤村は若い頃から口に出していえない苦しさを心に抱えながら、それでも自分の未来にはまだ未開拓の領分がある、親も大切だが自分は自分の道をゆくべきだと考えながら、人生を手探りします。そして、何度も挫折の涙を流してへたり込みながらも、「自分のようなものでも、どうかして生きたい」という思いで、再び立ちあがって歩み続けます。藤村は人生が灰色のなかに沈むときも、いつか自分のなかに太陽がのぼることを信じるべきだと説きます。人生は口にいえない苦しさを抱えながら、いつか希望の光が差し込むことを信じて、重い足を一歩一歩前に出して歩み続けることかもしれません。

17

自分を熱愛し、自分を大切にせよ

志賀直哉

『清兵衛と瓢箪』

　小説『清兵衛と瓢箪』は、『小僧の神様』と並んで多くの人が最初に読む志賀直哉の作品ではないでしょうか。清兵衛は瓢箪の魅力にとりつかれて夢中になり、毎日、瓢箪を磨いています。しかし、まわりの大人はそんな清兵衛に無理解です。父親は子どものくせに瓢箪などに凝りよってと露骨にいまいましそうな顔をします。ある時、街でみかけて10銭で買った瓢箪を、学校で修身（道徳）の時間に机の下で磨いていると、教員にみつかって取り上げられ、「到底将来見込のある人間ではない」と怒られます。それを聞いた父親は清兵衛の瓢箪を玄能で全部たたき割ってしまいます。怒る大人たちに、清兵衛はただ青くなってだまっているだけです。

　しかし、作者はそんな清兵衛の味方をして、大人たちをやり込めます。教員は取り上げた清兵衛の瓢箪を学校の年取った小使いにやり、小使いはそれを50円につり上げて骨董屋に売り、骨董屋はそれを600円で地方の豪家に売りつけます。清兵衛が見抜いた瓢箪の値打ちは正しく、それをつまらぬと怒った大人の目は節穴だったというオチです。この小説のユーモラスな面白さは誰にでもわかり、それがこの小説の魅力でもありますが、そこには若き日の志賀の苦悩の思いが込められています。

馬琴の瓢箪

　『清兵衛と瓢箪』は志賀が父親との対立から東京の家を飛び出し、広島県の尾道に１人で住んでいた31歳の頃に書かれています。志賀は後年

150　第Ⅲ部　近代・現代の思想

の『創作余談』で、『清兵衛と瓢箪』は尾道から四国に渡る船のなかで聞いた話が題材になっているといいます。しかし、書く動機は「自分が小説を書く事に甚だ不満であった父への私の不服」だったと打ち明けます。小説では品評会に出された滝沢馬琴の大きな瓢箪を、大人たちがほめる場面が出てきます。しかし、清兵衛はそんなものは大きいだけで面白くないといい、自分の瓢箪をせっせと磨きます。

　志賀によると、実際に聞いた話では頼山陽の瓢箪だったそうです。なぜ馬琴にかえたのかにはわけがあります。父親が「小説などを書いていて、全体どういう人間になるつもりだ」と怒った時に、志賀は父親がふだん馬琴の小説を愛読しているのを知ったうえで、「馬琴でも小説家です。然しあんなのは極く下らない小説家です」と言い返したそうです。通俗的な馬琴の小説などではなく、自分は本物の小説を書いてみせるという青年の意気込みです。また、そんな馬琴の小説しか知らない父親へのあてつけもあったのでしょう。ところがそういう自分は実は馬琴の小説はほとんど読んでいなかったと、志賀は白状します。『清兵衛と瓢箪』にはそのような無理解な大人に怒り、青春を一途に突っ走る若き日の志賀の心が投影されているのです。

　志賀は60歳を過ぎてからもこれに触れ、この小説を父親が読んでいる新聞に発表して、馬琴の瓢箪の話を読ませるつもりだったと回想します。そして、「父にとっては僕は可愛気のない子供だった」と苦笑いしながら昔を振り返ります。

父親との確執

　志賀の前半生の小説の動機となっているのは、若き日の父親との確執です。志賀は仕事で家に不在がちだった父親のかわりに、祖父母になじんで育ちます。しかし、10代後半に自我が芽生え、自己主張の欲求がわきおこってくると、ことあるごとに父親と対立します。

　足尾銅山鉱毒事件を糾弾する演説会に出かけた志賀は、正義感に燃えて被害地をみにいこうとしますが、志賀家は祖父の代から銅山を経営する古河家とつながりがあり、父親は抗議運動に息子が参加したことが

知れたら迷惑だといって喧嘩になります。このような父親との対立は、志賀が家の女中と結婚するといいだすことで頂点に達します。明治期の封建的な考えの残るなかで、家の格式の違いを考える父親は断固反対します。

『大津順吉』

　このできごとは自伝的小説『大津順吉』に描かれています。女中の千代と男女の関係になった順吉は、家族に結婚を一方的に宣言します。順吉にとってはこれは自分と千代の2人の問題であり、他人にはいっさい関わりがなく、家族は自分に同意するのが当然だと考えます。もちろん親にとってみては、そうはいきません。父親は怒り、家族は2人のあいだに挟まってとまどいます。青年には自分の意志が否定されることは、自分が全面的に否定されることに思われます。結婚そのものよりも、自分の意志が貫徹することに順吉のすべてのエネルギーが注がれます。そこには、相手の女性の幸せを考える余裕さえありません。

　周囲の大人たちは2人を引き離そうとしますが、順吉は怒りをぶちまけます。「私が痴情に狂った猪武者であるように、仲間以外の人には、私共は皆何かに狂っている猪武者に過ぎなかったであろう。然し其処で吾々も止ってはいられなかった」と語られます。「私共」とは、当時の雑誌『白樺』や学習院の学友など若い仲間のことでしょう。

　怒りがおさまらない順吉は、深夜、二階の自分の部屋で重い鉄アレイをもちだして力任せに畳に投げつけます。青春の怒りを込めて投げつけられた鉄アレイは、夜の静寂を破ってとどろきわたります。一階で寝ていた書生が驚いて飛びおきただろうと想像して、順吉に思わず笑いがこみあげます。自分の子どもじみたふるまいを笑うところには、怒りでいっぱいになった自分をみつめる小説家の目が芽生えているのでしょうか。

青年の自我の要求

　何ごとにも感激し、興奮しやすい青年の情熱は、自我の要求をつらぬいて自己を貫徹することに注がれます。そして、それをはばむものは自

己を否定するものに思われ、怒りをぶちまけます。「猪武者」のように突進する若者の反抗の季節です。

　志賀は自分は正しく行動していると思っていますが、この正義感は自己をつらぬこうとする情熱から発するものです。友人の里見弴は、若い頃の志賀は市街電車で迷惑をかける酔っ払いを引きずりおろして喧嘩するくらい、「それほど正義の念の強い生れだが、それがいつも君のは自分の好悪の感情から出ていた。君の好きなものはなんでも善いものだった。君の嫌いなものはなんでも悪いものだった」と語ります。若き日の志賀の倫理観は直情的なもので、ときにはわがままともいえる本能的なものです。そこにはまわりを配慮する余裕はなく、ひたすら自我の要求を貫徹することに情熱が注がれます。

　自己の確立期にある青年には、このような本能的なエゴイズムがあるものです。しかし、そこには利害や立場にこだわる大人のエゴイズムにはない純粋さ、たとえ不利益をこうむったとしても自我を貫徹しようとする無償の情熱があります。それが小説の読者をひきつける魅力になりますが、一方で、そのようなひたすら突進する若者の猪武者ぶりは、周囲への配慮や思いやりを欠く人間としての未熟さも露呈します。

内村鑑三の思い出

　志賀は18歳の時にキリスト者の内村鑑三のもとを訪れます。何事にも「主義」がきらいで、キリスト教の教義にさほど熱心さを示さない志賀が、内村のもとに７年間も通い続けたのは、人間としての内村の印象が、精神的な欲求をもつ青年志賀の心を強くとらえたからでしょう。『内村鑑三先生の憶い出』には、女中との結婚問題で父親と衝突した時、内村に相談しに行ったことが回想されています。

　「先生は腰かけたまま机の横桟に足を突張って、椅子ごと仰向けになられ「困ったなあ」と大きい歯を露わし、笑いながら嘆息をされた。私は七年間に此時程先生を親しく身近かに感じた事はなかった」。そして、「僕にもそういう経験はある。その時は死を想った事さえある」と内村はいったそうです。内村はこの直情径行の青年に説教もせず、解決策も

示さず、さりとて慰めもせず、ただそばで椅子にそり返って「困ったなあ」とため息をつきます。そして、「僕にもそういう経験はある」と独り言のようにいいます。志賀は自分の思いを1人の人間として受けとめてくれた、内村の率直な態度がありがたかったのです。

　志賀は若い頃に、性欲についてキリスト教の罪の意識に悩みます。「今思えば至極自然な、憎む事の出来ない罪であるが、其時は馬鹿正直にそれで煩悶した」と、晩年の志賀は回想します。女中と男女の関係をもった志賀には、姦淫の罪の教えに納得できない反抗心も芽生えます。それはキリスト者にとっては「困った」ことであり、実際に志賀の家族には「困った」ことなのですが、人はそのようになるしかない時もあるものです。その「困った」ことを「馬鹿正直」に生き抜くのが青年の愚直さでしょう。その自分に「困ったなあ」という言葉で寄りそってくれた内村に、志賀は人としての身近な親しさを感じたのです。志賀は「自分でよく考えます、考えが決まるまでは参りません」といって内村のもとを退出します。

　志賀は高い立場や建て前から説教したり、下心や策略をもってふるまう人間が大嫌いな人です。たとえ過ちをおかし失敗したとしても、純粋で、素直で、正直で、すっきりとした人間を気持ちよく思います。キリスト教をほとんど勉強しない志賀が7年間通い続けたのも、内村にそのような純粋な人間をみたからでしょう。内村もまた自身について、「一人のサムライの子として、私にふさわしい精神は自尊と独立であり、狡猾な駆け引き、裏表のある不誠実は憎悪すべきものであります」と語っています。駆け引きや裏表がなく、また偉そうに上からものをいわず、ただそばで自分の思いを受けとめてくれる人がいるだけで、私たちは救われるものです。志賀はそのような内村の人柄をしたったのでしょう。

『暗夜行路』

　30代に入った志賀は、友人の武者小路実篤の親戚にあたる女性と結婚して家庭をもち、やがて長年の苦悩の原因であった父親とも和解します。そして、みずからの青春の苦悩を題材にした長編『暗夜行路』を書きは

じめます。まず前編が出され、そののち50代で後編を完結させます。これは主人公が人生を暗中模索する姿を通して、人生の後半を迎えた作者が若き日の自分にみずから答えを与えた作品です。

　主人公の時任謙作は、自分は母親の不義の子かもしれないという暗い運命を背負い、父親との確執、孤独、妻の不倫への疑惑など、人生の闇い道のりを手探りで歩みます。志賀は「事件によって主人公の気持が動く、その気持の中の発展を書いた」と語っています。これは主人公の自我の彷徨と挫折、そして再生を描いた精神の内面のドラマなのです。

　小説の最後は、伯耆大山の有名な夜明けの場面で締めくくられます。謙作は大山の山頂の背後から朝日がのぼり、山の巨大な影が下界から海にまでのびているのをながめながら、「彼は自分の精神も肉体も、今、此大な自然の中に溶込んで行くのを感じた。その自然というのは芥子粒程に小さい彼を無限の大さで包んでいる気体のような眼に感ぜられないものであるが、その中に溶けて行く、——それに還元される感じが言葉に表現出来ない程の快さであった。何の不安もなく、睡い時、睡に落ちて行く感じにも多少似ていた」。自我の欲求をつらぬいて生き、他者とぶつかって疲れ果てた謙作は自分が大きな自然につつまれ、そこにとけこみ、還元される感覚をいだきます。

　志賀が実際に大山にのぼったのは32歳の時です。いかなる思想や主義にも支えを見出さない主人公の謙作、すなわち若き日の志賀が、最後に自分がそこへととけこみ、還元される思いをする雄大な大山の自然に逢着します。

緑の稲穂とトンボ

　志賀は、小説は途中の筋道のうまさを味わうべきだといいます。『暗夜行路』には大山の夜明けの場面へと至るまでに、小さな自然の風景が伏線として描かれています。謙作は大山へと向かう列車の車窓から、夏の熱と光のなかに緑の稲穂がゆれているのをみます。「「ああ稲の緑が煮えている」彼は亢奮しながら思った。実際稲の色は濃かった。強い熱と光と、それを真正面に受け、押合い、へし合い歓喜の声をあげているの

が、謙作の気持には余りに直接に来た。彼は今更にこう云う世界もあるのだと思った。人間には穴倉の中で唾合っている猫のような生活もあるかわりに、こう云う生活もあるのだと思った。今日の彼にはそういう強い光が少しも眩しくなかった」。夏の熱と光を吸ってのびゆく緑の稲穂は、穴倉でいがみあう猫のような生活をこえて、謙作が新たに生きるべき「世界」と「生活」の啓示としてあらわれます。

　大山に着いた謙作はふもとの寺の一室を借ります。人との関係に疲れ切っていた謙作が、近くのお堂の石段に腰をかけていると、大きなトンボが行ったり来たりします。オニヤンマです。「両方に強く翅を張って地上三尺ばかりの高さを真直ぐに飛ぶ。そして或る所で向きを変えると又真直ぐに帰って来る。翡翠の大な眼、黒と黄の段だら染め、細くひきしまった腰から尾への強い線、——みんな美しい。殊にその如何にもしっかりした動作が謙作にはよく思われた」。謙作は下心や打算をもってこせこせ生きるちっぽけな人間に比べれば、生に純一なオニヤンマの方がどれだけ上等かもしれないと思います。

　この夏の熱と光にゆれる緑の稲穂やまっすぐに飛びかうオニヤンマは、謙作が新たに生きるべき「世界」と「人生」の啓示になります。そのような自然への思いをもって、謙作は大山の夜明けを迎えるのです。『暗夜行路』の結末の場面は、大山に象徴される大きな自然の立場からみずからの人生の歩みを俯瞰しつつ、50代の志賀が若き日の自分に与えた答えなのでしょう。

自然をたぐって生きる

　志賀は若い頃から主義や教義など理屈めいたものをきらい、自分の自然な欲求と感情を信じて生きてきました。後年の『わが生活信条』では、自分は子どもの頃から迷信がきらいで、「今でも迷信、特に、狂信は非常に嫌いだ」と語ります。人は狂信に凝りかたまると、ほかを信じている者を異端者扱いします。「自分が信じている事を絶対だと思う事で、他に迷惑をかけない用心は必要だ。こんな事の為めに、人間がどの位不幸になっているか、分らない」。これは大人の常識とぶつかり、異端者

156　第Ⅲ部　近代・現代の思想

となって孤立した若き日の体験もふまえたものかもしれません。

　人のふるまいについても、志賀は「何んだかいやだと思う」ことには、道徳や倫理以前の「もっと奥深い所にあるもの」を感じるといいます。「世間的な所謂、道徳とか倫理というものに拘束されるのは厭やだが、それ以前のものには素直でありたい」と語り、その「素直でありたい」ものが自然という考えに行き着きます。「人間が頼り得る最も確かなものとしては矢張り此自然だと思う。文学、美術の上の運動も色々あるが、矢張り自然というものを手繰って行くより他に途はないと思う」。みずからも自然の万物の１つとして生きる人間は、その自然をたぐって確かな生きる方向を見出すしかないのです。謙作が夜明けの大山で自分がとけこみ、還元される感じがすると語った自然です。

「自分を熱愛し、自分を大切にせよ」

　志賀の強い自我意識は、そのような自己を生み出した「自然」から発したものです。その自我をつらぬく道徳は主情的なもので、ときに他者への配慮がたりず、ひとりよがりにおちいる欠点もあります。しかし、命を生み出した自然に発する本能の道徳は、どこまでもみずからの命を愛し、自分をつらぬいて生き抜くことを命じます。

　志賀はおのれの愚劣さを意識して自己嫌悪に苦しむことは、自己を愛すればこそだといい、「自己嫌悪がないという事は自己を熱愛する事のない証拠。自己を熱愛し、自己を大切にする事を知らぬ人間は見て不愉快なものだ」と語ります。人間が失敗や挫折して自分がいやになるほど悩むのは、それだけ人生を真剣に愛していればこそです。志賀はそんな苦悩する人たちに、「自分を熱愛し、自分を大切にせよ」と語ります。

　志賀は自然から発する自分の命を愛する欲求をゆがめ、破壊するものを憎みます。みずからの命をつらぬく若き日の情熱は、晩年には穏やかな諦観の境地になりますが、志賀はもの忘れが増えたとこぼしつつ、人間の自然な生をゆがめる「狂信」、戦争の指導者を国の「自慢の種」にすること、核爆弾を生んだ科学への「過信」などを確かな口調できびしく批判します。

17　志賀直哉　157

スタンダールと犬のヨネ

　晩年の志賀の作品は、そのような自然のままの境地に遊んでいるように感じられます。ある時、知人から頼まれてスタンダールの『パルムの僧院』の映画の試写会をみにいきます。志賀はその本を読んだことがなく、あらすじだけ読んで映画をみにいくのですが、寒い館内を途中で抜け出してコーヒーなどを飲みながらみます。志賀はそこに描かれた男女関係にあまり関心しません。むしろ主人公が愛欲騒ぎから人を殺す不幸な事件をおこすことに不快感をいだき、「私は実生活でもそういういざこざを見、聞きする事が厭になった」といいます。

　動物好きの志賀はよく犬を飼いますが、それからしばらくして近所で犬の交尾期が訪れます。志賀が飼い犬のヨネを連れて散歩していると、ヨネを気に入っているメス犬がかけてきます。「ヨネは喜んで、頭を高く、胸を張り、尾を振りながら一寸興奮していたが、牝犬のうしろに廻り、覗くように尻尾の下に鼻を近づけると、もうその時期の過ぎている事を認め、淡々とした態度で直ぐ牝犬に別れ、私達のあとを追って来た。兎に角、自然の法則に従って行動している」。志賀は愛欲にまみれた人間の愛憎劇よりは、節度のある自然に従って生きる犬に共感を寄せます。スタンダールの名作をあらすじだけ読んで映画館で中座しながらみて、主人公より犬に共感するとは何ごとかという人もいるでしょう。しかし、そんな声には馬耳東風に、志賀はヨネを連れて悠々と散歩を続けます。

水源からわきあがる生の欲求

　志賀は若い頃から気に入ったことには熱を入れ、10代には勉強はそっちのけでスポーツや自転車や歌舞伎に熱中しました。そして、学校を落第したことが縁となって下の学年の「むしゃ」こと武者小路実篤と出会い、生涯の友になります。本も気に入れば読みますが、そうでないと放っておきます。

　もちろん、ときにはそれを反省することもあります。太宰治が死んだあと、その作品に批判的だった志賀は、太宰の小説を「もっと沢山読んでいれば太宰君のいいところも見出せたかもしれないと思った」と悔

やみます。志賀のそのような知識や教養の狭さを批判する声もあります。しかし、志賀はそれよりも自分の自然な欲求や感情を信じて生きてきた人です。知識や教養はその人の生きる欲求や感情に資する限りでいきてくるもので、それだけでは人の生きる道になりません。

志賀は「人間が幾ら偉らくなったとしても要するに此地球上に生じた動物の1つだということは間違いのない事だ」と語ります。人間はこの地上に命あるものとして生き、自然からわきおこる人生を愛せという声に従うのが一番確かなのです。志賀は自分の自然な欲求と感情に従って、他者との葛藤を抱えつつも、ぶれることなく「自分を熱愛し、自分を大切に」して歩んできました。その自然の声からはずれる小理屈を、志賀は徹底してきらいます。みずからに与えられた自然の素朴な、豊かな、力強い命の力を信じて人生を愛し切ります。

知識や教養を詰め込んだ近代人が紆余曲折の果てにようやくたどり着いたところに、志賀は恬然として犬のヨネと散歩しているように思われます。近代人特有の知識と理屈の張り子の虎のような自己意識にとらわれず、大きな自然の命の水源からわきあがる生の欲求に忠実に従い、どこまでも人生を愛し通すところに、志賀の文学の素朴な力強さがあるのでしょう。

思 想 の 風 景

志賀直哉　　自然からわきあがる生の欲求

志賀直哉は、若い頃から自分のなかにわきあがる自然な生の欲求に従い、他者との葛藤を抱えながらも、自分の道を真っ直ぐに歩みました。「自分を熱愛し、自分を大切にせよ」と語り、人間をゆがめる理屈や狂信を否定し、打算や下心のある人間を嫌い、自然から生まれたままの自分に忠実に生きます。『暗夜行路』の大山の夜明けの場面に象徴されるように、自己の生への欲求が自然の大いなる源から発し、それと1つになるところに、志賀の文学がいきついた自然に包まれたゆったりとした、素朴な力強い境地があります。

▼ 18

魂になってもなお生涯の地に留まる

柳田国男

山のおじいの死

　中国山地をのぞむ地方病院に勤務する医師が、その地の人々の人生の最期を見守る体験を書いた『死の中の笑み』という本があります。そのなかに山村から入院にきた「山のおじい」の話があります。おじいは余命いくばくもないのですが、早く村に帰って山仕事をしなきゃならんといいます。おじいにつきそうおばあは、ベッドで眠るおじいのそばで、山の村の思い出を話します。「春になると、フキやワラビやゼンマイを取りに行く。冬にも食べられるように漬けとく。タラの芽もあるし、スズコもある。モチに入れるヨモギやハーコやマサキ。秋には山にはいっていろんな種類のタケとりをしたぜ。大きな腐った木に白いタケがみごとに、花のように一面になっとる。人にゃあ知られん秘密の場所があってな。棒で払って、ひとりで拾って、うれしいぜ、とっても。おつゆに入れて食べてみんさい。そりゃあうまいわ」。冬には男たちはウサギとりに行き、ネギや大根を入れて鍋で煮て、みんなで食べます。おいしくて、体があたたまります。春祭り、七夕、夏の盆には三日間みんなが仕事を休み、山をこえて隣の村まで踊りに行きます。

　やがておじいは亡くなり、山の村に戻って葬式がおこなわれます。おじいは、生前に自分の墓石にと大きな石を用意しておいた先祖伝来の墓地に葬られます。村では過疎化が進み、おじいは故郷の墓地に葬られる最後の村人になるだろうと語られます。それらを見届けた医師は「日常の死をさばくぼくら医療者は、死がただ心停止がきて呼吸がとまるといったものではなく……これだけ豊かな自然と人々の間に死は広がってい

くものであることを、知っていたいと思う」と語ります。医師は1人の人間としておじいの死をみつめます。

　おじいは山の村で生まれ、自然の豊かな恵みのなかでおばあや村人とともに暮らし、そして山に帰っていきました。そこには日本人の暮らしの原風景をみる思いがします。「豊かな自然と人々のあいだ」に広がっていくおじいの死をみつめながら、私たちがどこから生まれ、どこへと帰ってゆくのかという日本人の古来の死生観をみたいと思います。

柳田国男と『先祖の話』

　民俗学者の柳田国男は『先祖の話』のなかで、古来、日本人が先祖の魂のゆくえについていだいていた信仰について語っています。民俗学は、19世紀にイギリスでフォークロア（folklore、民間伝承・民俗）を調査する学問として生まれました。日本の民俗学を創始した柳田国男は、民間伝承や言葉・習俗・信仰・生活様式を伝える無名の民衆を常民と呼び、各地をめぐってその生活を調査しました。柳田は口伝えされてやがて消えゆく運命にある日本の常民の生活を後世に残すことが、民俗学の責務であると考えます。

　『先祖の話』は太平洋戦争の末期に書かれ、終戦の翌年に刊行されました。そのような時代を反映して、そこには戦争で亡くなった人々への鎮魂の思いがにじみでています。柳田は「死後に我々は何処へ行くか。又は霊魂は日頃は何処に留まって居るか。それは到底知り究められぬとしても、少なくとも前人は通例どう考えて居たろうか」ということは、なおざりにできないことであると語ります。なぜならば、戦争で国のために死んだ若者の霊魂が帰るところもなくさまよい、無縁のものになるようなことにはしてはならず、無名の幾億という同胞の霊を忘却に任せることは避けなければならないと語ります。

　戦時下の日本では国家主義のもとで民族精神の発揚が叫ばれ、多くの学者や文化人が協賛しました。柳田は日本の古来の祖先信仰の伝統が失われれば、「民族の縦の統一というものは心細くならざるを得ない」と語ります。このような柳田の思想を国家主義的であると批判する声もあ

18　柳田国男　　161

ります。しかし、一方で柳田は「我が同胞の是からさきの活き方、未来をどういう風に考えて行くかをきめる場合に、最も大きな参考となるべき前人の足跡、即ち先祖は如何に歩んだかを明かにする」ことが大事であるといいます。ここには敗戦という歴史の大きな転換点に立ち、日本人にふさわしい未来の社会の建設のためには、過去の先祖の歩んだ道を確かめなくてはならないという、民俗学者としての柳田の反省と覚悟があらわれているように思われます。

先祖のみたま

　『先祖の話』では死者の霊魂を祀る各地の行事や風習を通して、古来の日本人が先祖の霊魂にいだいてきた信仰について語られます。日本では古来、死者の霊魂は「みたま」と呼ばれて、それは漢字が伝わるよりもはるか昔から語り伝えられていた言葉であると柳田は説きます。その「みたま」にあてる適当な漢字がなかったので、霊に敬語の御をつけて御霊と書いたり、また、精も霊も「たま」をあらわすので精霊とも表現されたといいます。

　柳田によれば、死者のみたまは村の近くで一定の期間を過ごしたあと、先祖の霊、祖霊になって故郷の小高い丘や山々から子孫を見守り、盆や正月には家に帰って来て子孫と交流します。柳田はこのように死者の霊は一定の期間が過ぎると祖霊に融合して１つになり、それが祖先神となって信仰の対象になると説きます。「つまりは一定の年月を過ぎると、祖霊は個性を棄てて融合して一体になるものと認められて居たのである」。死者のみたまが祖霊になって子孫を見守り、子孫に幸福と利益をもたらすという祖霊信仰です。先祖のみたまは年の暮れ・正月・盆・春や秋などに時を定めて、この世とあの世の幽明の境をこえて子孫のもとを訪れます。農耕に生きる人々は先祖が切り開いてきた田畑を耕す日々のなかで、つねに先祖とともにある感覚をいだいてきたのでしょう。

　このように先祖の霊はつねに村の近くにとどまり、子孫を訪れ、その行く末を見守り続けます。柳田は日本人の死の観念について力を込めて、「霊は永久にこの国土のうちに留まって、そう遠方へは行ってしまわな

いという信仰が、恐らくは世の始めから、少なくとも今日まで、可なり根強くまだ持ち続けられて居るということである」と語ります。そして「日本人の志としては、たとえ肉体は朽ちて跡なくなってしまおうとも、なお此国土との縁は断たず、毎年日を定めて子孫の家と行き通い、幼ない者の段々に世に出て働く様子を見たいと思って居たろう」、「一言葉でいうならば、それはどこ迄も此国を愛して居たからであろうと思う」と語ります。そこには先祖たちの子孫への深い愛情と、それをしたう子孫たちの感謝の心があります。

盆と祖霊信仰

このような祖先崇拝が盆の行事になります。柳田は日本には古来、祖先のみたまを送り迎えするみたま祭りがあったと語ります。盆に祖霊を故郷の家に迎え入れ、帰ってきた祖霊と子孫が交歓し、再び送られるという風習です。

6世紀に日本に仏教が伝来し、それにともなって古代中国で仏教と祖霊信仰が融合した盂蘭盆会が伝わり、それが盆の由来であると説明されることもあります。しかし、柳田は先祖のみたまを迎える風習は、仏教が伝来するはるか昔から日本人に伝わってきたものであり、それがのちに仏教と習合して仏事とされるようになったと説きます。盆という言葉の起源にも諸説ありますが、柳田は『先祖の話』では、盆という言葉は古代における先祖への供物を入れる容器に由来するのではないかと推測しています。

柳田は各地の村落に伝わる盆の風習を調べ、日本古来の祖霊信仰の姿を探っていきます。たとえば盆草刈りや盆路作りといって、祖霊を迎えるために草を刈って道をきれいに掃き清める習わしがあります。山の頂上から村里までのいつもは放置されている一筋の道を草を刈り払って、祖霊を迎えるための道をつくるのです。山まで祖霊を迎えに行く風習のある地域もあったそうです。先祖になるということは、「盆に斯うして還って来て、ゆっくりと遊んで行く家を持つ」ことであり、「兎に角に毎年少なくとも一回、戻って来て子孫後裔の誰彼と、共に暮し得られる

のが御先祖であった」と柳田は語ります。[11]

迎え火・送り火

　先祖のみたまが帰る所の目印として、火を燃やす習わしも古来からありました。山や墓や家のまわりなどで火を燃やし、各地に方言こそ違っても、「じいさん、ばあさん、このあかりでおでやれ、おでやれ」などと呼びかける風習が各地にありました。家に祖父母が健在でもそのようにいうところから、柳田はこの「じいさん、ばあさん」は、代々の先祖を指す素朴な子ども言葉であろうといいます。子どもたちに先祖に親しみをもたせて祖先信仰を伝えるために、そのように呼ばせたのではないかと推測します。

　先祖の霊はあたかもそこにいるかのように呼びかけられ、わが家に迎えられて子孫とともに飲食し、そして送りだされます。このように盆の行事には古来のたま迎え・たま送りの信仰があり、日本人が祖霊を身近な親しいものと感じていたことを伝えています。

　盆の迎え火・送り火の風習は、今も日本人の生活に受け継がれています。1910年代の大正期に書かれた永井荷風の小説『腕くらべ』には、東京・銀座の横町の通りで、芸者屋の主人の老人が見習いの少女とともに、夕暮れに迎え火をたく場面が出てきます。少女が「あらお向こうでも方々で燃やしてるわ。綺麗だわねえ」と無邪気にいいます。夕暮れの銀座の横丁のあちこちの門口で迎え火が美しくともり、煙が立ちまどう風景が昔ながらの情緒をかもします。その頃は東京の銀座の横丁でも、普通にみられる庶民の生活の風景だったようです。荷風は「家毎に焚く迎火の烟にあたりは何となく電話や電燈の新しい世の町には似合わしからぬしんみりとした趣を示した」[12]と書いています。生活の外面が近代化しても、人の心には古くから伝わる先祖への思いが生き続けているのかもしれません。

田の神・山の神

　祖霊は春になると山から村里におりてきて田の神となり、田植えをす

る子孫を見守り、秋の刈り入れが終わると山の神となって山へと帰っていきます。柳田はこのような山の神、田の神の言い伝えは、日本各地に広くあるといいます。そして、子孫のために田畑を残した先祖の霊魂が、毎年の米の収穫に大きな関心をもち、それを支援してくれると期待されるのも自然なことであろうと語ります。村では春の田植えに春祭り、秋の収穫には秋祭りがおこなわれます。

　柳田は「我々の先祖の霊が、極楽などに往ってしまわずに、子孫が年々の祭祀を絶やさぬ限り、永くこの国土の最も閑寂なる処に静遊し、時を定めて故郷の家に往来せられるという考えがもし有ったとしたら……苗代の支度に取かかろうとして、人の心の最も動揺する際が、特に其降臨の待ち望まれる時だったのではあるまいか」と語ります。春の薫風が吹きわたり、山々の新緑が萌えだし、人々が今年の収穫への期待と不安に心を動揺させながら田植えの準備をする時、先祖の霊が山から田の神としておりたって子孫たちの農作業を見守るのです。

　「五月田植の日、田人早乙女が一斉に振仰いで、山の姿を礼讃する歌をうたうような峰々は、何れも農作の豊饒の為に、無限の関心を寄せたまう田の神の宿りであった」。このような美しい農村の景色と人の心に、日本人の原風景をみる思いがします。子孫を永く見守り続ける先祖の愛情が目にみえぬ１つの力になり、それをしたう子孫の思いがあわさって祖先神への信仰になったのでしょう。

子孫を見守る祖霊

　仏教の浄土教の教えでは、死者は西のかなたの極楽浄土に往生するとされます。しかし、柳田はそのように死者の魂が途方もなく遠い所へ旅立つという「外来の思想」がある一方で、日本という「この島々にのみ、死んでも死んでも同じ国土を離れず、しかも故郷の山の高みから、永く子孫の生業を見守り、その繁栄と勤勉とを顧念して居るものと考え出したことは、いつの世の文化の所産であるかは知らず、限りも無くなつかしいことである」と語ります。そして、あまたの歳月にわたって私たちの先祖がこのように信じ、それを伝えてきたという過去の事実があ

ったことを自分は証明したいと語ります。さらに「魂になってもなお生涯の地に留まるという想像は、自分も日本人である故か、私には至極楽しく感じられる」と、みずからの感慨を述べます。[16]

これらの言葉は柳田の晩年に書かれたものです。そこには自分自身が死後にささやかな丘の上から、子どもや孫たち、さらには同胞の行く末を見守っていたいという、1人の日本人としての柳田自身の気持ちが込められているのでしょう。

みたまと語る

先祖のみたまへの信仰には、霊魂をあたかも〈みえる〉もののように語る風習があります。巫女が死者の霊魂を招き寄せ、わが身に憑依させてその口で語るたま降ろしや口寄せなどもそうです。現代人にとっては迷信だと思われるでしょうが、柳田は亡くなった人の思い残したことを確かめるために、「一度は何とかして招き寄せて、語らせて見たいというのも人情」であろうと語ります。[17]

『先祖の話』では、盆に帰ってくる先祖のみたまを山まで迎えに行って、馬に乗せたり、背負ったりする所作をしてつれて帰る風習があったと語られます。また、明治の中頃まで、盆になるとある武家の主婦は黒の紋服を着て玄関に座り、まるで生きた人に対するように、先祖の霊に「まことに行届かぬ御もてなしでございましたのに、よう御逗留下さいました。又来年も御待ち申します」と挨拶したそうです。[18]

遠くに旅立った人が故郷に帰るように、毎年、家々に帰ってくる先祖の霊を迎える盆の行事には、〈みえない〉先祖の霊魂にあたかも〈みえる〉もののように語りかける子孫の思慕の情と、それにこたえる先祖の愛情が込められているのではないでしょうか。

先祖の霊魂を送り迎えする風習は、〈みえない〉ものになった先祖のみたまを〈心の目〉でみることではないでしょうか。柳田自身も学者としての目とともに、先祖のみたまを〈心の目〉でもみつめているように感じられます。古来の人々の習俗には、それを事実として実証的に研究するだけでなく、〈心の目〉でみなければわからない真実もあるのではないでし

ょうか。

石段の上のおばあちゃん

　漫画家の西岸良平の作品『夕焼けの詩』に、少年が亡くなった祖母に見守られて生きる「幻海紀行」という話があります。1945(昭和20)年８月、広島に投下された原子爆弾で母親を亡くした少年が、瀬戸内海の小島の祖母のもとで暮らします。学校から帰ると石段の上の家でいつも祖母が笑顔で迎えてくれ、おぜんにはあたたかいご飯が待っています。やがて祖母は病気に倒れ、「ばあちゃんは死んでも　あの世からいつもお前の事、見守ってあげるよ。そして　お前を守ってあげるからな」と少年に言い残して亡くなります。少年は島の村長の家に引きとられますが、そこから少年にはいつも石段の上に立つ笑顔の祖母の姿がみえます。それは少年にだけにみえる秘密の風景でした。

　やがて少年は戦争から復員した父親につれられて、島を離れます。時が流れ、彼は大人になって幸せな家庭生活を送りますが、ある時倒れて危篤状態になります。医者は原爆症と診断します。広島から疎開する時に、船の上で放射能をおびた黒い雨を浴びていたのです。彼は病院のベッドで生死の境をさまよいながら、暗い闇の世界を１人で歩いています。するとそこに祖母があらわれ、彼の手をとって「そっちに行っちゃいけないよ。おばあちゃんについておいで」といいます。やがて祖母に手を引かれて明るい光が射し込む出口にさしかかり、そこで彼は目をさまします。

　一命をとりとめた彼は、幼い息子をつれてかつて暮らした祖母の島へ旅をします。崩れ落ちた祖母の家の跡に寄って墓参りをし、「せめてこの子が大きくなるまで…おばあちゃん　僕を守っていてくれ」と心で語ります。彼が帰ろうとして振り返ると、石段の上に立つ笑顔の祖母の姿がみえます。主人公は少年の頃から自分を見守ってくれる祖母の姿を、〈心の目〉でみていたのでしょう。人には他人にはみえなくても、みずからの〈心の目〉でみえる風景があるものです。

生きた〈こと〉の世界

　私たちの人生は、今ある〈みえる〉世界だけがすべてでしょうか。私たちの日々の生活は親や祖父母をはじめ、いまは〈みえない〉ものとなった無数の先祖たちが生きてきた事実のうえにあります。それを思う時、私たちの人生はかつてこの世に生き、今は〈みえない〉ものとなった過去の人たちにつながり、彼らとともにあるといえるのではないでしょうか。私たちが今、ここに生きていることは、はるかな過去の人々の〈みえない〉生の事実にまで連なっています。

　先祖のみたまを何らかの実体的な〈もの〉と考えれば、迷信におちいるかもしれません。むしろ、それは先祖が生きた〈こと〉であるように思われます。先祖のみたまを送り迎えする習俗も、先祖が生きた〈こと〉と交流する習わしと受けとってはどうでしょうか。私たちも、今、生きている〈こと〉のなかにあります。『夕焼けの詩』で少年が祖母を心の目でみつめていたように、私たちの人生の礎となっている過去の人々の生きた〈こと〉を心の目でみつめ、それが今、私たちが生きている〈こと〉に結ばれていることに感謝する心に、古来の祖先信仰があるのではないでしょうか。その心の目を忘れ、肉眼で〈みえる〉平板な世界がすべてと思うならば、それは人間の生き方として貧しく、またさびしいことではないでしょうか。私たちの生きる世界に、過去から未来へとつながる生きる〈こと〉の深さをみつめることが、人の心ではないでしょうか。

山に帰ったおじい

　山のおじいは先祖が開いた山村に生まれ、先祖が伝えた田畑を耕し、先祖が苗を植えた木を伐って生活してきました。おじいにとって山の日々の生活は先祖とともに生きることでした。先祖が汗を流して生きてきた事実のうえにおじいの山の生活があり、おじいは先祖たちに見守られて生き、そして今、先祖のもとへと静かに帰っていったのです。おじいはこの世では姿を消しましたが、おじいが山で苦労の汗を流し、おばあや村人と苦楽をともにして生きた〈こと〉は、消えることのない事実です。そのおじいが生きてきた〈こと〉は、遠い昔から先祖たちが生きてき

た〈こと〉に連なり、そして、おじいは死によって先祖たちが生きた〈こと〉の世界へと帰っていったのです。

　柳田の『先祖の話』で説かれた祖先信仰に込められた人々の思いを、このように〈こと〉の世界に考えてみることもできると思います。はるかな時のかなたに先人たちが生きた〈こと〉を思いながら、そこにこの世を去った人たちの魂のゆくえを、そしてやがて去りゆく私たちの魂のゆくえを考えてみてはどうでしょうか。先祖はみえる〈もの〉としてはこの世で姿を消しても、その魂は生きた〈こと〉において「なお生涯の地に留まる」のです。

思 想 の 風 景

柳田国男　　祖先とともに生きる

死ねば人のみたまはどこにいくのか、柳田国男は日本人の祖先信仰を研究して、先人たちがそれをどのように考えていたかを明らかにします。この世で姿を消してみえないものとなった先祖のみたまは、故郷の近くの小高い山にとどまって子孫を見守り、ときを定めて子孫のもとを訪れます。先祖はみえないものになったとはいえ、彼らがこの世に生きた事実は、今なお私たちの生活の足下にあってその礎になっています。その事実に思いをいたすとき、私たちが今、この世にある「こと」は、かつて先祖がこの世にあった「こと」と1つにつながり、私たちは先祖とともにあるといえるのではないでしょうか。時とともに世も人も移ろいゆきますが、この世にある「こと」において私たちは過去の人々と今なおともにあることを、祖先信仰は伝えているのではないでしょうか。

19

人間とは「世の中」であるとともに
その世の中における「人」である

和辻哲郎

カフカの『城』

　現代人の不条理な存在を描いたカフカの小説『城』は、つぎのような書き出しで始まります。「Kが到着したのは夜もふけてからであった。村は深い雪に埋もれていた。城山は少しも見えず、霧と闇が山を包んで、大きな城のあることを示すほんの微かな燈火さえも見えなかった。Kは長い間、国道から村へ通ずる木橋の上に立って、目には虚ろにしか映らぬ彼方を見上げていた」。測量師のKは城の主に雇われて村にやってきますが、その城に入ることができません。電話で連絡をとりますが、それは係から係へとたらいまわしにされてらちがあかず、事務的な通知は明解なようで意味がはっきりしません。Kはいつまでたっても城へと入ることができないままです。

　この城は迷宮のように巨大化した現代社会の複雑な組織を象徴しているのでしょう。その中心にだれがいて、何を、何のために命令しているのかわからぬままに、人々はその周辺でただ立ち働いています。その中心にはだれも入り込むことができず、だれもそれをみたものはありません。それは「霧と闇」につつまれた「彼方」のものにとどまります。そのような巨大な社会の組織の中心から、部外者として永遠に疎外された人間の不条理な存在をカフカは描きます。

　カフカはまた、「鳥籠が、鳥を探しに出かけていった」という謎のような言葉を残しています。小鳥が飛び去り、空になった鳥かごが人間なのでしょう。小鳥は人生を充実させる意味となるものの象徴かもしれま

せん。むなしくなった鳥かごは小鳥を探しに出かけますが、小鳥は戻らず、鳥かごはむなしく空のままです。ここには社会という迷宮のような組織から疎外され、自分はなぜここにいるのか、ここで何をしているのかと自問しながら、空虚な心を抱えて立ちつくす孤独な人間の存在が浮かびます。空の鳥かごは、はたして小鳥をみつけることができるのでしょうか。

個人と社会の弁証法

　カフカは理由もなく、偶然に今、ここにある孤独な自己をみつめます。一方で倫理学者の和辻哲郎は、孤独な人間とは社会から分離された原子（アトム）のような抽象物であり、本来の人間は他者と関わりをもって日常を生きる具体的な存在であると考えます。人間は、つねに世の中で他者との社会的行為の連関にもとづいて存在しているというのです。

　「人間」という言葉が、人は他者とのあいだに生きる存在であることをあらわしています。和辻は「人は個体的にあり得るとともにまた社会的であるところのものでなくてはならぬ。そうしてこのような二重性格を最もよく言い現わしているのが「人間」という言葉なのである」と説きます。「人間」は本来は人間と読まれ、人と人の関係から成り立つ「世の中」を意味し、やがて世の中に生きる個々の「人」をも指すようになったとされます。

　「人間とは「世の中」であるとともにその世の中における「人」である。だからそれは単なる「人」ではないとともにまた単なる「社会」でもない。ここに人間の二重性格の弁証法的統一が見られる」。人間が人である限り、それは社会でないから個人であるのです。しかし、人間は世の中に生きている限り、あくまでも人と人との共同体であり、たんなる個人でないからこそ人間なのです。人間はこのように社会を否定して個としての自己を確立する一方、その個としての自己を否定して社会のために働くという、社会と個人がたがいに否定しあう弁証法的な統一のなかに成り立っています。社会と個人がたがいを否定しあうことを媒介として、それぞれが自覚をもって統一のなかにあります。個人が社会から遊

離して孤立しても、社会が個人を飲み込んでも、「人間」はありえません。

世の中にあること

　和辻は研究者としてドイツに留学し、存在とは何かを問うハイデッガーの哲学に接しています。ちょうどハイデッガーの前期の主著『存在と時間』が刊行される前です。和辻は『存在と時間』では自己の固有の本来的な存在が追究されるあまり、他者との共同存在が十分に展開されていないと指摘します。そして、行為を介して他者と関わりあう「人間の行為的連関」にこそ、人間の本来の存在があると説きます。

　和辻は「存在」という言葉についてこう説きます。「存」は存命、生存というように時間的な意味を含みます。しかし、それはたんにあるだけでなく、「存じております」というように心に保持する、自覚的にもつことです。一方、「在」は在宅、在所、在世というように空間的な意味を含みつつ、社会的な場において他者との人間関係のなかにあることを指します。したがって、「存が自覚的に有つことであり在が社会的な場所にあることであるという点を結合すれば、存在とは「自覚的に世の中にあること」にほかならぬとも言える」。人間が存在するとは、ただ抽象的な時間—空間のなかにあることではなく、世の中で他者との行為の連関にあること、行為を通して他者と関わりあうことなのです。

間柄的存在

　和辻はこのような人間のあり方を「間柄的存在」と呼びます。私たちは抽象的な原子（アトム）のような個人ではなく、つねに世の中で家族や友人、職場や地域の人々などとの間柄のなかにあります。それは間柄において結ばれた実践的な行為の連関のなかに生きることです。まず個人があって、それから親と子、教師と生徒、上司と部下のような間柄に入るのではなく、そのような間柄にあることそのものが「人間」の根源的なあり方です。自己を反省して個を意識することに先だって、自己はつねに他者との間柄において共同存在しています。

　和辻は世の中の人の動作や態度、ものごとは、すべてこのような間柄

的存在の「表現」としてとらえます。たとえば家の構造のなかで居間、客間、台所、寝間、玄関などは、家族の共同存在の仕方をあらわしています。居間では家族とくつろぎ、客間では客をもてなし、台所では調理をし、寝間ではみんなで寝ます。言葉や動作や態度も、人間の間柄的存在の表現として了解されます。

　このように私たちはものごとを間柄的存在の表現として了解しながら、他者の行為的連関のなかに生きています。ものごとがその間柄的存在の表現を失う時に、たんなる物体としてみられるように、人も他者との行為的連関から分離される時に、個として意識されます。人間は個としての自己を意識する以前に、つねに、すでに自他が一体になった間柄的な共同存在のなかに生きているのです。「人間としての実践的連関は、我れの意識の生ずる時すでに汝も彼もすべて我れであることをともに教える」、他者との実践的な行為の関係において汝も彼も私であり、私は汝や彼でもあります。「このような「我々」の立場は、すべてが主体として連関し合う立場である」、われわれはともに主体として世の中で協力・協働して関わりあいながら存在しています。

「わかる」ということ

　和辻は「わかる」という事態をもとに、人間の共同存在がいかに自覚されるかを説明します。「わかる」とは何かを理解することですが、ものごとには分けられるべき構造として「わけ」があり、それを分けて自覚することが「わかる」ということです。ものごとのなかに分けられるべき「わけ」がなければ、それは「わけのわからない」ことに終わります。

　たとえば「ＳはＰである」という判断は、Ｓ（主語）のなかにもともとＰ（述語）が含まれており、それを分けることでＳがＰであることを自覚することです。つまりＳとＰを分けながら結合し、その統一を自覚することが、「ＳはＰである」とわかったことになります。それはＳとＰを分離しつつ結合して、本来の統一にあることを自覚することなのです。

　私たちが日常生活で「わかる」ということも同様です。私たちが他者

の言葉や動作を「わかった」といえるのは、共同存在における他者との行為連関を分けることで自覚にもたらすからです。だから「わかった！」といえるのです。「表現が了解せられるのは、それが間柄を地盤として出てくるからである。間柄において自他が分離しつつ、その分離において自他が「我々」として直接に了解せられているからである」。「わかる」のは、間柄的存在においてあらかじめ了解されている「我々」の関係が、私やあなたに分離しながら自覚されることです。

　もし人間がはじめから孤立した存在なら、そこに言葉はなく、ものごとが「わかる」こともないでしょう。もちろん実際には私たちは1人の時にも「わかる」のですが、それはそもそも共同存在の構造のなかにいるからです。言葉は共同存在を分けるものとして機能していますから、人間が自己と対話して「わかる」のは、暗黙に了解された共同存在の「我々」の地盤から自己を分けて自覚することです。しかし、それは孤立した「私」をみつけることではなく、その分離を介して「我々」の統一のなかにある「私」を見出すことです。自己にめざめることは孤立した原子(アトム)的な自己ではなく、人々とともに生きる「我々」としての自己を自覚することなのです。

人間と倫理

　他者との行為的な関わりにおいて善悪が分別され、責任が問われ、勇気や優しさの徳が発揮されて、それらが「わかり」ます。倫理はこのような人間の間柄的存在を分ける自覚にもとづきます。ものごとがよく「わかった」人とは、他者との行為的連関をよく分けることで、それぞれの人間の立場やとるべきふるまいをよく理解している人、すなわち倫理をわきまえている人でしょう。その反対がまわりを無視して自分の思い込みだけで行動する、「わかってない」人になります。

　和辻はこのような人と人の「間」に倫理を見出すみずからの思想を、「人間の学」としての倫理学と呼びます。「倫理問題の場所は、孤立的個人の意識にではなくしてまさに人と人との間柄にある」。「倫」は「なかま」という意味で、「理」は「ことわり」「すじ道」ですから、「倫理」は

174　第Ⅲ部　近代・現代の思想

人と人の間柄の道すじ、共同体の秩序をあらわします。だから「倫理」が失われれば共同体の結びつきがなくなり、私たちは孤立した原子（アトム）の状態におちいって「人間」としての自己を失います。このような和辻の思想は、共同体の成員として自己をとらえる日本の伝統的な共同体倫理の流れをくむものです。

孤＝個の世界

　カフカはどこにも自己の所属する場をもたず、世界の外に部外者として立ちつくす不条理な人間の存在を描きました。私たちの自己意識が社会的な共同存在の統一を「わける」ことで生まれるとするならば、社会から疎外されて他者との関わりを失えば、自己は「わける」べき「人間」としての内実を失って、そこには空の「鳥籠」のようなむなしい意識が残されるだけです。

　現代社会では個人の自由や主体性が尊重されますが、一方で孤立、孤食、孤独死など「孤」ということが話題になります。もちろん「孤」は「個」としての自覚の契機でもありますから、孤＝個のなかで独自の思索を深め、みずからの道を見出し、創造的な世界が開かれることもあります。それは自立した個＝孤の人間として、みずからが主体となって人生を生きることです。若い頃、私も個＝孤のなかに自己の生き方を探った時期がありましたが、やがてそこに狭さを感じ、もっと多様な人々と交流する広々とした場で生きようと考えました。ふだん人と交流して生活しているから、たまの休日に一人で音楽をきいたり、読書をして思索にふける孤＝個の時間を楽しむこともできます。

　私たちは人との間に生きる「人間」として、日常生活のなかで他者と交流し、助けあい、そこに「我々」として生きる場所をみつけることが大切でしょう。そのうえに、一人ひとりの個性あふれる独自の世界も展開します。逆に「孤」の世界に自分を閉じ込めて世間から遮断すれば、自己は空虚な「鳥籠」になってしまいます。他者との行為的連関という人間の存在基盤に立って、日常において他者との交流の場をもつことで、自己の意識も豊かで充実したものになるのではないでしょうか。

19　和辻哲郎　175

日常と非日常

　私たちは「人間」としての共同存在の地盤の上で、個としての意識をもちつつ、他者とともに日常生活を送っています。私たちはそのような日常に安定・安心・自足を求めますが、一方でその繰り返しに退屈・惰性・物足りなさを感じることもあります。

　作家の丸山健二は、日常の壁を突破しようとする人間の姿を鮮烈に描きました。小説『台風見物』では、日常でひっそりと暮らす2人の男が、台風のさなか、白い大波の打ち寄せる海辺を日本刀をかざし、絶叫して走ります。彼らは台風見物という非日常のなかに、日常で満たされない「何か」を求めます。台風の去った翌日のおだやかな晴れた朝、海辺の宿を営む男はまな板で魚を刻みながら、もう一人の男に「また来いよ」と低くつぶやきます。また、白々とした日常が始まります。

　一方で、作家の庄野潤三はゆるぎない視線で日常をみつめます。小説『プールサイド小景』では、夕方、満員電車で帰宅する疲れたサラリーマンたちが、車窓から学校のプールで泳ぐ若者の光景をみます。そのまばゆい青春の風景に心をひかれますが、彼らには毎日の仕事と家庭という日常があります。主人公もその一人でしたが、今はわけあって会社を解雇され、家族の日常は危機にひんしています。何気ないサラリーマンの日常もちょっとしたことでこわれる、もろくきわどいバランスの上に成り立っています。庄野潤三は『浮き燈台』では、一見平穏そうにみえる港街の日常の風景の裏に、嵐で船が難破するなどの非日常の歴史があることを描き、静かな日常の底にひそむ深淵をみつめます。

　私たちは日常に退屈し、非日常の目新しさを求めることもあります。しかし、退屈な日常から脱出しようと扉を開けても、むこうにみえる非日常の風景は、そこに入れば再び退屈な日常にかわってしまいます。それでは永遠に非日常の扉を探し続けることになります。そもそも日常は非日常と対立するものでしょうか。世の中で過ごすかわらぬ日常の日々が存在すること自体は、文字通り「有り難い」ことです。自明の日常そのものが、その底に非日常の深淵を秘めているのではないでしょうか。

日常の深淵をみつめる

　日常の生活は慣れ親しんだものですが、その自明の日常が存在することそのものは不可思議であり、その底に存在の深淵をたたえています。私たちが日々、家庭や職場や地域において人々との行為的な関わりに生きることそのものが「有り難い」ことです。それは思わぬ事故や病気、災害や戦争などで日常の生活が失われる体験をしたり、そのようなことを見聞きする時にしみじみと感じることです。日常の日々が存在することをどのように受け取るか、生きがいか退屈か、充実かむなしさか、驚異か偶然か、感謝か拒絶か、そこに私たちが人生をいかにみるかという「人生哲学」があります。

　孤独な不条理の世界を描いたカフカは、40年の生涯で何人かの女性と恋愛関係になり、最期の病床にも愛人がつきそっていたといいます。作家が描く小説の世界と実生活とは別ものでしょうが、孤高の作家に寄りそう人がいたという話には心がなごむ思いがします。もしカフカが作品を書き続けたら、「城」の入り口はみつかったでしょうか、城のなかで何をみつけたでしょうか。カフカがみつめた不条理な孤独から、はたして他者との間柄に生きる「人間」の世の中へと通じる道はあるでしょうか。それは現代という「城」に生きる私たちの課題でもあります。

思 想 の 風 景

和辻哲郎　　「我々」としての自己

　和辻哲郎は、人間は人と人の「間柄」に生きる存在として、つねに他者との行為的な連関のなかに存在していると説きます。「我々」として行為的に関わりあう統一のなかから、他者に対して自己の意識が分離し、ともに「我々」の1人としての自己が自覚されます。自己の意識にめざめるということは、孤独な「私だけ」の自己ではなく、ともに力をあわせ、手をさしのべあって生きる「我々」としての自己を自覚することなのです。

▼20

物的世界像から事的世界観へ

廣松渉

キャンパスの思い出

　五月の新緑に囲まれた駒場の大学のキャンパスを、入学したばかりの私はこれから何を学ぼうかと彷徨うような心持ちで歩いていました。人間の存在について学びたいと思っていたものの、何から手をつけてよいかわかりません。キャンパス内の購買で手にした哲学講座の本でハイデッガーの「存在」という言葉を目にし、心をひかれる思いをしました。

　西洋哲学史の講座に出ましたが、担当は助教授(当時)廣松渉とあります。地方の高校を出たばかりの私は、彼がいかなる学者かを知りません。講義は古代ギリシア哲学から始まりましたが、廣松氏は私はギリシア哲学が専門ではなく、ギリシア語もできない(専門ではない)と照れ笑いのような表情を浮かべながら、やや早口で講義を進めました。

　概論ですから自身の哲学を直接語ることはありませんでしたが、みずからの哲学に触れる場面では力が入ります。プラトンのイデア論を反駁した哲学者の意見には、あたかも自分がいったかのように声に力を込めます。また「アキレスと亀」などの逆説で運動を否定したエレア派のゼノンのところでは、ある哲学者がゼノンの前を歩いて反論した場面を、長身の彼は教壇を大手を振って歩いてみせます。いずれもものごとをイデアのような形而上学的なものや、静止的な実体とみることを否定し、第一次的に存在するものは動態的な働きをする機能態であるという自身の哲学の根幹に関わるところです。

　また、ほかの学者が訳した『初期ギリシア哲学者断片集』という薄い本を、こんな便利なものがありますよと手にかざして紹介しました。こ

178　第Ⅲ部　近代・現代の思想

れは彼の著書にも引用されていますが、そんなフランクさもあります。

　講義のあとは質問の学生の列ができ、私も勇んで読みかじりのことを質問すると、それはギリシア哲学が専門のＩ先生に聞くといいですよとこたえ、早く学生から解放されたいというふうに足早に研究室に戻っていきました。主著となる『存在と意味』の執筆に取り組んでいた頃です。

　哲学を学ぶ友人から日本に哲学の研究者はたくさんいるが、哲学者といえるのは廣松渉ぐらいだという話を聞かされました。『事的世界観への前哨』が刊行され、哲学に関心をもつ学生の話題になりました。私もさっそく難解ながら何かを探るように読みはじめました。これが今から半世紀前、私が大学１年生の時の哲学者廣松渉の記憶です。

物の世界から事の世界へ

　廣松渉の哲学は、「物的世界像から事的世界観へ」を標語に掲げて探究されます。そこでは「物」を中心にした世界像から、関係や連関という「事」の第一次性にもとづく世界観への転換が模索されます。

　廣松の著作は哲学用語をつらねるところは難解ですが、そこを解きほぐせば論理の筋は明解です。ときには「社会という人生劇場においては、学校ではリベラルな教師として、家庭では関白亭主（原文ママ）として」などと、彼一流のオヤジ的なジョークも出ます。[1]

　哲学とは何かについて、「日常的意識に即自的な相貌で映現する存在態をその被媒介的存立実態に即して把え返す営為」と語られます。[2]つまり、私たちの日常の意識に、そのまま直接的（「即自的」）にあらわれたものの姿を、実はそのように外界に独立して自存しているのではなく、人間の歴史的・社会的・文化的な生活状況に媒介されて形成されたものである、という実態にそくしてとらえ直す営みが、哲学だというのです。この下地になるものが、廣松が繰り返し引用するマルクス・エンゲルスの『ドイツ・イデオロギー』の一説、「最も単純な"感性的確知"の対象でさえ、社会的発展、産業ならびに商業交通によって与えられているのである。……一定の時代の一定の社会のこの営為によってはじめて"感性的確知"に与えられえたのである」という言葉です。[3]つまり、私たち

がみたり、聞いたりする単純な感覚によって知る対象も、その時代の様々な社会の営みに媒介されてあらわれたものであるというのです。

　そのような時代と社会の営みによって与えられたものが「物体」です。「われわれの日常的意識では、対象的世界を……基調的には物体的な存在として了解するが、これは歴史的・文化的に形成された生活環境と社会的な生活状況によって媒介された被規定態なのである」。つまり、私たちの日常の意識にあらわれる「物体」は、そのまま外界に直接あるものではなく、人間の歴史的・社会的・文化的な生活に媒介されて「思念」され、規定されたものだというのです。廣松はそのように思念された「物体」を、それ自体で独立自存する実体とみなすことを「物象化的錯視」と呼んで批判し、関係・連関にもとづく「事」の世界観を開きます。ここではその哲学における「物」から「事」への世界観の転換の道筋を簡明にたどり、その意義について考えてみたいと思います。

原始人の生活と「もの」

　廣松は私たちのいだく世界像は学問の理論的な産物ではなく、人類の歴史的・社会的な生活の総体から生まれたものであると説きます。私たちがそこに、そのまま実在すると素朴に信じている「物体」も、実は歴史的・社会的な状況を介して思念されて知られた所のもの、つまり「思念的所知」(のちに「所識」と改められます)だというのです。

　廣松は「物体」という「思念的所知」がどのように形成されたかを、原始人の生活を想定して推理します。原始人は自然に囲まれ、食糧を手に入れ、獣から身を守るためにつねに動物や植物に意識を向けて生活していますから、命をもつものが「もの」をとらえる基準になります。岩は大地に根を張ってはえ、天体は霊魂をもって空を回転し、万物は霊魂や生命を備えた「もの」と考えられていたと推理します。

　生命や霊魂をもつものはみずから成長変化して移動しますが、「物体」は一定の形態を保って、外から力を加えられない限りは静止しています。廣松は原始人が石や木や動物の骨から道具をつくり、手でもち運びする体験から、一定の形態と重さをもち、空間的に移動可能な「物体」の考

180　第Ⅲ部　近代・現代の思想

え方が生まれたと推理します。近代の哲学や自然科学において、一定の形態をもって空間を占め、質量をもち、外から力が加えられない限り静止している惰性態という「物体」の考えも、このような人類の歴史的・社会的な生活の状況に媒介されて形成されたものとされます。

道具としての「もの」

　廣松は道具的なものを考えるうえで、ハイデッガーの思想を批判的に継承します。ハイデッガーは、人間はつねにまわりの世界に関心をいだき目配りをして関わっており、「もの」は私の手に関わりあう(zu)道具的存在者としてあらわれると説きます。その日常の関心から離れてながめる時に、ものはただ私の手の前(vor)におかれた事物的存在者になります。道具は何かの用途をもち、その用途もさらにつぎの用途をもち、世界はそのような用途の有意義な連関からなります。ハイデッガーはみずからの存在を了解している人間が、将来の存在の可能性を実現しようと企てる投企によって、世界の道具的な連関に意義を与えると説きます。

　一方で廣松は人間主体が社会的な役割を演じあって協働することが、道具に意義を与えると説きます。建築現場で職人たちが道具を使用する場合のように、道具は協働的な活動の連関に組み込まれた「項」となって使用されることで意義をもちます。道具はそれ自体であらかじめ用途をもって自存しているのではなく、協働における機能的な連関の項として使用されるそのつど、その機能的連関がそれを道具として存在させるのです。それは任意の数値で代入されうる $y = f(x)$ という函数(関数)の項 x のようなもので、協働の函数的な機能の連関から項 x をはずしてしまえば、x は道具としての働きを失います。

　廣松はこのような協働の連関の「項」として機能する道具を、ハイデッガーは自存するとみる物象化的錯視におちいっていると批判します。たとえば、日常的意識ではハンマーはだれが使用していなくても、ものを打つ道具としての機能をもって自存していると思われています。しかし、廣松は角材はもともと「ゲバ棒」としての道具性を備えているのかと反論します。「ゲバ棒」とはゲバルト(武力・暴力)棒の略で、かつて

の学生運動で武器として使われた角材です。何とも時代を感じさせるた
とえですが、角材はあらかじめ建材や武器という道具の性格を備えて自
存しているわけではありません。家を建築する機能的連関において使用
される時は建材としての道具的存在を与えられ、学生のデモで振りまわ
される時には、武器としての道具的存在を与えられます。そのほかの連
関においては、また異なった道具性をもつでしょう。

　このようにものごとは人間主体がともに活動する共同主体的な協働
の「機能的・函数的な関係」の項となって使用される時、そのつどそれ
にそくした道具として存在させられるのです。その項を離れて道具は自
存しません。このように個々のものに先立つ「機能的・函数的な関係」
の「第一次性」に立脚することが、「事」の世界観です。

人生劇場と役柄

　廣松はこのような道具的なあり方を、社会的な制度や文化的な価値な
どを含めて「用在性」と呼びます。私たちは有用なものに囲まれて生活
していますが、用在性はもののなかに自存するのではなく、道具と同様
に共同主体的に協働する連関のなかで、はじめて有用に働きます。

　人間も同じです。「"人生劇場"の俳優たるわれわれ」も、社会の共同
主体的な協働的連関の「項」としての「役柄」を演じるところに成立す
ると説かれます。人格(パーソナリティ)が古代ギリシア・ローマの演劇
の役柄をあらわす仮面(ペルソナ)に由来するように、自己は協働的活動
の連関の「函数の項」としての役柄を演じる限りで存在するのです。

　廣松はこのような社会的協働の連関の項を離れて、ただ一人で実存す
る個体的な人格はないと断言します。「各人はその都度の役柄において
しか実存しない……人格というのは扮技的諸機能の一総体にほかならな
い。これを措いて「人格」なるものは存在しない」。自己は「扮技」、役
柄を演じる限りで存在し、それを離れて個体的なものとしてあるわけで
はないのです。餅つきの杵をもつつき手とこね手の動作のように、たが
いに相手の役柄的な行動を期待し、あい呼応して役柄を遂行する「協働」
に、人間主体が存在します。実践的な世界は、このような役柄―演技の

共同主体的な協働の関係をもとに成り立っているのです。

　廣松はそのような協働的関係から孤立した個体的な人格はありえないと説き、サルトルが個として実存する主体の自己意識を「無」ととらえたことを引きあいに出して、「尤も、サルトルは自から、それは「無」だと言っている！わけで、Bravoである」と拍手します。人もものも社会的協働における連関の項を離れては、ありえ「無」いのです。

実体としての「もの」

　西洋の近代哲学はこのような共同主体的な協働における用在性を捨象して、ものをそれ自体で存在する「実体」と考えます。バラの花の色・形・香りの根底には物体としてのバラ自体があるとされるように、様々に変化する現象の根底に、その基体となる自己同一的な「実体」があるとされます。廣松はフッサールの現象学の手法を批判的に使いながら、こうした考え方が「物象化的錯視」であることを説明します。

　私たちは日常では実体的なものが外界に実在し、それが形・色・音・匂い・味・手触りとなってあらわれて知覚されると考えます。現象学はこのような日常の思い込みをいったん「判断停止」（エポケー）して保留します。ありのままにみれば、まず形・色・音・匂い・味・手触りなどの現象がまず意識にあらわれ、それが「これはバラの香りである」というように、先行的に了解されたバラという実体＝原因に属し、そこから派生すると逆に推理されるのです。

　この実体が「思念」されたものであることは、現象学ではよく立方体の例で説明されます。立方体はいろいろな角度からながめると様々な形態を示します。立方体が平面に様々な形態を投射するように、意識にあらわれた様々な様相を、現象学では「射映」と呼びます。私たちは立方体全体を一気に目に入れてみることはできませんから、意識にあらわれた射映を通して、その基体として自己同一的な立体像を「思念」するのです。廣松は「マッチ箱」を例にあげますが、これは煙草に火をつけようとつかんだ「マッチ箱」をふと手をとめてながめる時、その道具性を離れて直方体という物体として思念されることのたとえでしょう。

20　廣松渉　183

このように感覚的に知覚されたあらわれの自己同一的な基体として、イデアール(観念的)な実体が思念されます。実体は知覚された多様なあらわれが「何」であるかを意味する「意味的所知」が、独立自存すると錯視されたものです。さらにそれが感覚的なものから離れて、純粋にイデアールな形態として思念されると、不滅の霊魂やイデア(理想的な原型)になります。マルクス学者でもある廣松が、霊魂やイデアを「古色蒼然たる形而上学の亡霊」として一蹴することはいうまでもありません。

自然科学と「もの」

ニュートンやガリレイに始まる近代自然科学において、物体は時間・距離・質量・速度などの量的に測定できる要素を項とする自然法則の函数関係において把握されます。廣松はアインシュタインの相対性理論を引用して、その時間・空間・質量も客観的な実在ではなく、相互の関係によって膨張・収縮するように「思念」されたものであると説明します。

廣松は物体から受けた刺激が神経をたどって脳に伝達されて意識されるという、物体(身体)と意識の二元論的な考え方を却下します。そして、脳の中枢・神経系統・皮膚の刺激から光の波動・空気の振動・その発出源までを1つの「グローバルな機能的状態系」ととらえ、そのみえざる可能態としてある機能的状態が、人間の意識にあらわれてみえる現実態に「転成」すると説きます。世界はグローバルな機能的状態のシステムが人間の意識状態に「転化」し、意識にみえる相(姿形)となって現れた「現相的風景世界」です。廣松はそれを直接的に存在する機能態が意識に対して自覚化される、世界の「即自的状態の「対自化」と呼びます。仏教の色即是空・空即是色の教えを思わせますが、その空のごとき機能態である「こと」に第一次性をおくのが「事」的世界観です。

世界の四肢的存在構造

私たちにとって世界は感覚的なもののみならず、人間主体の間に共通する間主観的な「意味」としてあらわれます。たとえば私は色も姿も大きさも様々な個々の犬をこえて、それらを共通の「犬」として知覚しま

す。私の意識は目の前で動きまわっているレアール（感覚的）な生き物を、「単なるそれ以上の或るものとして」、すなわちイデアール（観念的）な「犬」という「意味」として知覚します。このように私の意識の対象は感覚的に与えられたものと、それ以上のイデアールな「意味」という2つの要素にわかれる二肢的構造をもちます。

このイデアールな「意味」として知られた「犬」は、子どもがワンワンと鳴く生きものは「牛」ではなく「犬」を意味することを学んだように、他者との言葉の交流を通して学ばれたものです。言語的交流を通じてものの「意味」が学ばれ、私たちの認識のあり方が間主観的に同型化され、同調します。言語的な交流のなかでイデアールな「意味」を学ぶことは、私たちの意識が共同主観化される自己形成の歩みなのです。このような間主観的な「意味」としてものごとを知覚するのですから、世界は私にも他者にも共通の世界としてあらわれ、また、私たちは他者の意識している世界を理解できるのです。

このような対象の二肢的構造と並行して、認識する主体も個としてのレアールな「私としての私」と、間主観的なイデアールな「だれかとしての或る者」という二肢的構造をもちます。この「だれか」は特定の個人ではなく、社会で共有されたものごとの「意味」の保有者となる「だれか」です。「私」は言葉を学ぶことを通じて、この共通の意味を理解した言語的主体の「だれか」に同型化していますから、世界は個としての「私」と間主観的な「だれか」が二重にみる共通の世界なのです。

このような世界をみる主体の二肢的構造と、対象の二肢的構造をあわせて、廣松は世界の四肢的存在構造と呼び、事的世界の枠組みとします。このなかでもとりわけ、ものごとのイデアールな「意味」を覚知する、「だれかとしての或る者」に優位がおかれます。私たちの世界は、「所与がそれ以上の或るものとして「誰」かとしての或る者に対してある」、つまり、感覚的に与えられたものを、それ以上の共通のイデアールな「意味」として覚知する「だれか」に対してあらわれる間主観的な世界です。だから、それは共同体のだれにとっても客観的に妥当する共通の世界としてあらわれるのです。

共同存在としての人間了解

　廣松は人間を個体の要素や機能からとらえる「人間学主義」を批判し、さらに人間の自己意識を霊魂のような独立した実体とみなすことを、「伝統的な霊魂的個体主義」と呼んで退けます。そして、「社会的共同存在としての人間存在の了解は一切の霊魂主義的な人間了解から解放されうる」と説きます。そもそも自我は他我と差異化されてあるものですから、共同存在する他我がなければ自我は「没概念」になってありえません。

　このような考えのもとに廣松は、「人間の本質はその現実性においては社会的関係の総体である」というマルクスのテーゼを掲げ、社会的関係のなかで協働して生活手段を生産する共同存在のなかに人間を位置づけます。そのような人間了解の地平を開くために、「社会的共同存在性、人間の間主体的な共同現存在そのことの存在論的構造を対自的に分析しておくことが前梯的要求となる」のです。それが主著『存在と意味』へと収斂するのですが、彼の死によって未完に終わります。主著の題は世界が人間主体の社会的共同存在にもとづく間主観的な意味として存在することをあらわします。決して『存在と物体』ではないのです。

「もつ」から「ある」へ

　私たちの資本主義の社会では、個人が財やサービスなどのものを〈もつ〉ことが基本的な構えになります。億万長者といわれますが、そもそも１人の人間が何億人分もの財や、何億人をも支配する権力を〈もつ〉必要があるのでしょうか。廣松に言わせれば、そこには自己やものを実体としてとらえる「錯視」が働いているのでしょう。ものや権力に執着する人間はみずからを実体的自我であるかのように「錯視」し、その永続的な自我がものや権力を限りなく〈もち〉続けなければ不安になるのです。

　私たちは社会的共同存在の中で協働する〈こと〉としてある自分を、実体的な〈もの〉と錯視して、社会の支配者や富の所有者と思い込みます。これは世の中で地位や役職が上がれば、自分を偉い〈もの〉と思い込むことと同じです。それは自分で妄想した実体の幽霊に操られているようなものです。実体視された自我がものを〈もつ〉ことが自己目的化されると、

社会に格差や貧困が広がり、ものや権力をめぐる争奪がおこります。

　また、廣松はものに備わる「性質」も思念されたものにすぎないと説きます。たとえば鉄片と磁石のあいだに直接に実在するのは、鉄片が磁石に吸着される「関係的事実」までです。その説明根拠として鉄片には磁石に吸着される「可能的性質」があると思念され、だから吸着されるのだと逆に推理されるのです。これは男性に「"夫性"や"親性"」という「性質」が備わっているから、「こうふるまうべきだ」と考えることと同じです。人間を外見や境遇で一定の「性質」が備わる〈もの〉とみなす前に、私たちは多様な人間関係の〈こと〉の事実を生きているのです。

　私たちは人と人の社会的な関係性のなかで、ともに協力・協働して〈ある〉ことに人生を実感できるような、人間味のあるヒューマンな社会をめざすべきではないでしょうか。それはものや権力を〈もつ〉ことを自己目的化して力で張りあったり、人間に〈もの〉のようにラベルをつけて決めつけて差別する、非人間的な社会とは対極のものです。廣松は自身は思想的立場としての「「人間主義」にくみする者ではない」と語りますが、「物」から「事」への世界像の転換を、このような〈もつ〉から〈ある〉への人間らしい生き方への転換として考えてみてはどうでしょうか。

思 想 の 風 景

廣松渉　「もの」から「こと」へ

私たちは「もの」は外の世界にそれ自体で存在していると思っていますが、実態にそくせば、私たちは感覚的なあらわれを知覚し、その原因となる「もの」が外界に実在すると「思念」しているのです。廣松渉によれば、私たちはその思念された意味としての「もの」を外界に実在する実体として「錯視」しているのです。ものが実体として外界に実在するという思い込みが、人間の物欲をかきたて、富をめぐる争いを生み、格差や貧困の問題を引き起こします。このような「もの」への迷いからの脱出口を、廣松の説く人間の社会的共同存在の関係からなる「こと」の世界に探ってみてはどうでしょうか。

おわりに

「おお見よ、白い雲はまた　忘れられた美しい歌の　かすかなメロディーのように　青い空をかなたへ漂って行く！」。私は10代の頃、ポケットに入れたヘッセの詩集でこの詩を読み、「太陽や海や風のように白いもの、定めないもの」、はるかなものに憧れをいだきました。そして、郷里の琵琶湖の浜辺や、一人旅をした志賀高原の草原にねころんで、光の乱反射する真夏の空に白く輝く大きな入道雲を仰ぎながら、この世界に自分が〈ある〉ことの不思議を思い、これから自分はどのように〈ある〉のだろうかという茫洋とした想いにふけりました。

本書でとりあげた日本思想の先人たちは、宇宙や自然、神や仏、先祖や世の中など自分を生かしめるものから、自分が今、ここに〈ある〉ことをみつめてきたように思います。そこには命の根源となるものを畏れ敬い、先祖に感謝し、共同体の和を尊ぶ倫理があります。このように万物の命の根源から個が〈ある〉ことをみつめ返す日本の先人の思想は、自己の視点から前方ばかりをみがちな現代の私たちにとって、みずからの背後に自分が〈ある〉ことを可能にしてくれる根源がひかえていることに気づき、すべてをあらしめる大いなるものから、自分がいま、ここに〈ある〉ことの意義をみつめ直す機会になるのではないでしょうか。

私たちは、今、ここに〈ある〉ことを根本の立場にしていますから、つねに〈生きる〉ことを肯定して考え、語り、行動することが、人としての誠実な態度だと思います。倫理とは、〈生きる〉ことへの誠実さを言葉にして語ることではないでしょうか。その生きることへの誠実さを、日本の先人の思想から読み取っていただければ幸いです。

最後になりましたが、前著に引き続いて拙著を「もういちど読む」シリーズの一冊に加えていただいた山川出版社、企画や校正の段階で適切な助言をいただいた編集部の方々に感謝いたします。

2024 年 6 月

小寺　聡

註

第Ⅰ部　古代・中世の思想

1　和をもって貴しとなす　聖徳太子

1・2　佐橋滋『異色官僚』ダイヤモンド社、1967年、164頁。

3　早坂忠訳「自由論」『世界の名著38　ベンサム　J.S.ミル』中央公論社、1967年、233頁。

4・5　前掲書236頁。

6　前掲書236-237頁。

2　見るべきほどのことをば見つ　平知盛(『平家物語』)

1　木下順二『子午線の祀り』河出書房新社、1990年、154-155頁。

2　吉田満「戦艦大和ノ最後」『鎮魂戦艦大和』講談社、1974年、359頁。

3　吉田満「臼淵大尉の場合」『鎮魂戦艦大和』32頁。

4　吉田満「祖国と敵国の間」『鎮魂戦艦大和』212頁。

3　生きながら六道を見てさぶらふ　建礼門院徳子(『平家物語』)

1　糸賀きみ江校注『新潮日本古典集成28　建礼門院右京大夫集』新潮社、1979年、120頁。

2　前掲書121頁。

3　紀野一義『現代人の仏教5　いのちの世界 法華経』筑摩書房、1973年、193頁。

4　悲しきかな、いかがせん　法然

1・2・3　藤田宏達訳「観無量寿経疏」『人類の知的遺産18　善導』講談社、1985年、298頁。

4　石上善応訳「和語燈録」『日本の名著5　法然・明恵』中央公論社、1971年、359頁。かっこ内は原文。

5　藤田宏達訳「観無量寿経疏」293頁。

6・7　石上善応訳「和語燈録」354頁。

8　藤田宏達訳「観無量寿経疏」214頁。

9　石上善応訳「選択本願念仏集」『日本の名著5　法然・明恵』129頁。かっこ内は引用者注。

10・11　石上善応訳「和語燈録」357頁。かっこ内は引用者注。

12　前掲書214頁。

13　前掲書334頁。

14　塚本善隆「鎌倉新仏教の創始者とその批判者」『日本の名著5　法然・明恵』69頁。

5　善人なをもて往生をとぐ、いはんや悪人をや　親鸞

1　丹羽文雄「親鸞Ⅰ」『丹羽文雄文学全集　第二十六巻』講談社、1976年、355-356頁。

2　前掲書360頁。

3・4　石田瑞麿訳「歎異抄」『日本の名著6　親鸞』中央公論社、1969年、82頁。

5　金子大栄校注『歎異抄』岩波書店、1991年、43頁。かっこ内は引用者注。

6　丹羽文雄「親鸞Ⅰ」330頁。かっこ内は引用者注。

7　前掲書264-265頁。

8　星野元豊他校注「教行信証」『日本思想大系11　親鸞』岩波書店、1971年、108頁。

9　石田瑞麿訳「歎異抄」83頁。

10・11　石田瑞麿訳「教行信証」『日本の名著6　親鸞』242頁。

12　丹羽文雄「親鸞Ⅰ」263頁。

13　石田瑞麿訳「歎異抄」91頁。

14　石田瑞麿訳「教行信証」243頁。

15　本田桂子『父・丹羽文雄　介護の日々』中央公論社、1997年、96頁。

16　石田瑞麿訳「歎異抄」91-92頁。

6　山河大地心は、山河大地のみなり　道元

1　増谷文雄訳「古鏡」『現代語訳　正法眼蔵　第二巻』角川書店、1973年、210頁。

2　増谷文雄訳「心不可得(後)」『現代語訳　正法眼蔵　第二巻』134頁。

3　増谷文雄訳「有時」『現代語訳　正法眼蔵　第一巻』角川書店、1973年、201頁。

4　増谷文雄訳「一顆明珠」『現代語訳　正法眼蔵　第一巻』47頁。

5　増谷文雄訳「心不可得(後)」134頁。

6　増谷文雄訳「現成公案」『現代語訳　正法眼蔵　第一巻』29頁。

7　前掲書30頁。

8　増谷文雄訳「仏性」『現代語訳　正法眼蔵　第二巻』278頁。

9　増谷文雄訳「即心是仏」『現代語訳　正法眼蔵　第一巻』70頁。

10・11　前掲書72頁。

12　増谷文雄訳「仏性」251頁。

13　増谷文雄訳「心不可得(前)」『現代語訳　正法眼蔵　第二巻』119頁。

14　増谷文雄訳「一顆明珠」43頁。

15　前掲書55頁。

16　玉城康四郎「道元思想の展望」『日本の名著7　道元』中央公論社、1974年、68頁。

17　増谷文雄訳「生死」『現代語訳　正法眼蔵　第八巻』角川書店、1975年、161頁。かっこ内は引用者注。

7　この土を捨てて何れの土を願ふべきや　日蓮

1　鈴木範久訳『代表的日本人』(ワイド版岩波文庫)岩波書店、1997年、172頁。

2　前掲書173頁。

3　前掲書184頁。

4　前掲書159頁。

5　「法華初心成仏抄」『日蓮大聖人御書講義　第9巻』聖教新聞社、1989年、344頁。

6　「可延定業書」『日蓮大聖人御書講義　第17巻』聖教新聞社、1983年、176頁。

7　藤井学訳「富木尼御前御書」『大乗仏典〈中国・日本篇〉第二十四巻　日蓮』中央公論社、

1993年、30頁。

8　藤井教公『佛典講座7 法華経 下』大蔵出版、1992年、788頁。

9　前掲書790頁。かっこ内は原文。

10　藤井学訳「観心本尊抄」『大乗仏典〈中国・日本篇〉第二十四巻　日蓮』117頁。かっこ内は原文。

11　「守護国家論」『原典日本仏教の思想9　日蓮』岩波書店、1991年、64頁。

12　藤井教公『佛典講座7 法華経 下』973頁。

13・14　前掲書943頁。

15　宮澤賢治「業の花びら」『宮澤賢治全集3』筑摩書房、1956年、53頁。

16　前掲書307頁。

17　前掲書307-308頁。

18　藤井教公『佛典講座7 法華経 下』816頁。

8　世はさだめなきこそ、いみじけれ　兼好法師

1　森敦「初真桑」『鳥海山』河出書房新社、1974年、21頁。かっこ内は原文。

2　前掲書39頁。

3　松浪信三郎訳「随想録(エセー)　下」『世界の大思想5　モンテーニュ』河出書房、1967年、628頁。

4　前掲書622頁。

5　「新人国記82」『朝日新聞』1982年4月22日朝刊。

6・7　佐橋滋『異色官僚』ダイヤモンド社、1967年、2頁。

第II部　近世の思想

9　身をはなれて孝なく、孝をはなれて身なし　中江藤樹

1　伊藤整『知恵の木の実』文藝春秋、1970年、441頁。

2　前掲書442頁。

3　伊東多三郎訳「翁問答」『日本の名著11　中江藤樹・熊沢蕃山』中央公論社、1976年、55頁。

4　前掲書55-56頁。

5　前掲書65頁。

6　前掲書56頁。

7　前掲書54頁。かっこ内は引用者注。

8　前掲書56頁。

9　山下龍二校注「翁問答」『日本思想大系29　中江藤樹』岩波書店、1974年、26頁。

10　加地伸行校注「孝経啓蒙」『日本思想大系29　中江藤樹』200頁。

11　山下龍二校注「翁問答」95頁。

12　前掲書173頁。

13　伊東多三郎訳「翁問答」124頁。

10　我よく人を愛すれば、人また我を愛す　伊藤仁斎

1　清水茂校注「古学先生文集」『日本思想大系33　伊藤仁斎 伊藤東涯』岩波書店、1971年、
　　253-254頁。かっこ内は引用者注。

2　清水茂校注「語孟字義」『日本思想大系33　伊藤仁斎 伊藤東涯』15頁。

3　清水茂校注『童子問』岩波書店、1970年、162頁。

4　前掲書22頁。

5　清水茂校注「語孟字義」38頁。

6　伊藤道治訳「童子問」『日本の名著13　伊藤仁斎』中央公論社、1972年、481頁。

7　前掲書485頁。

8　清水茂校注「古学先生文集」208頁。

9　伊藤道治訳「童子問」481頁。

10　同掲書485頁。

11　清水茂校注『童子問』26頁。

12　前掲書151頁。

13　前掲書71頁。

11　人の道は必ず億万人を合していうなり　荻生徂徠

1　西田太一郎校注「弁道」『日本思想大系36　荻生徂徠』岩波書店、1973年、10頁。

2　前掲書12頁。

3　前野直彬訳「弁道」『日本の名著16　荻生徂徠』中央公論社、1989年、119頁。

4　前野直彬訳「弁名(抄)」『日本の名著16　荻生徂徠』138頁。

5　前掲書107頁。

6・7　前掲書108頁。

8・9　中野三敏訳「答問書」『日本の名著16　荻生徂徠』328頁。

10　前掲書333頁。

11　前野直彬訳「学則」『日本の名著16　荻生徂徠』94頁。

12　尾藤正英訳「政談(抄)」『日本の名著16　荻生徂徠』396頁。

13　吉川幸次郎「徂徠学案」『日本思想大系36　荻生徂徠』643頁。

14　前野直彬訳「学則」91頁。

12　穀物の精は人間、宇宙の精は穀物である　安藤昌益

1　尾藤正英校注「自然真営道」『日本思想大系45　安藤昌益』岩波書店、1977年、20頁。

2　野口武彦訳「自然真営道(抄)」『日本の名著19　安藤昌益』中央公論社、1971年、84頁。

3　尾藤正英校注「自然真営道」25頁。

4　野口武彦訳「自然真営道(抄)」92頁。

5・6　野口武彦訳「統道真伝(抄)」『日本の名著19　安藤昌益』306頁。かっこ内は引用者注。

7　野口武彦訳「自然真営道(抄)」80頁。

8　野口武彦訳「統道真伝(抄)」347頁。

9　野口武彦訳「自然真営道(抄)」91頁。

10　野口武彦訳「統道真伝(抄)」275頁。

11　野口武彦訳「自然真営道(抄)」246頁。

12　前掲書86頁。

13　尾藤正英校注「自然真営道」16頁。

14・15・16　野口武彦訳「自然真営道(抄)」101頁。

13　もののあはれの花を咲かせん　本居宣長

1・2　島崎藤村「藤村詩集」『島崎藤村全集　第二巻』新潮社、1949年、3 - 4 頁。

3　子安宣邦校注『排蘆小船・石上私淑言』岩波書店、2003年、11頁。

4　萩原延寿訳「排蘆小船」『日本の名著21　本居宣長』中央公論社、1970年、111頁。

5　子安宣邦校注『排蘆小船・石上知淑言』12頁。

6　萩原延寿訳「排蘆小船」70頁。

7　前掲書108頁。

8　前掲書97頁。

9　前掲書102頁。

10　前掲書97頁。

11　前掲書102-103頁。

12　前掲書100頁。

13　前掲書124頁。

14　前掲書103-104頁。

15　前掲書106頁。

16　前掲書99頁。

17　前掲書119頁。

18　西郷信綱訳「源氏物語玉の小櫛」『日本の名著21　本居宣長』406頁。

19　前掲書407頁。

20　前掲書402頁。

21　前掲書403-404頁。

22　西郷信綱訳「直毘霊」『日本の名著21　本居宣長』170頁。

第Ⅲ部　近代・現代の思想

*第Ⅲ部では、引用にあたって旧かなづかいは現代かなづかいに、旧字体は新字体に直しています。

14　独立とは自分にて自分の身を支配し他によりすがる心なきを言う　福沢諭吉

1　永井道雄責任編集「福翁自伝」『日本の名著33　福澤諭吉』中央公論社、1969年、238頁。

2　前掲書247頁。

3　前掲書318頁。

4　前掲書249頁。

5　前掲書291頁。

6　前掲書307頁。

7　永井道雄責任編集「学問のすすめ」『日本の名著33　福澤諭吉』51頁。

8 永井道雄責任編集「福翁自伝」239頁。

9 永井道雄責任編集「学問のすすめ」57頁。かっこ内は引用者注。

10 前掲書51頁。

11 前掲書52頁。

12 早坂忠訳「自由論」『世界の名著38 ベンサム J.S.ミル』中央公論社、1967年、310頁。

13 夏目漱石「私の個人主義」『漱石全集第13巻』漱石全集刊行会、1936年、503頁。

14 永井道雄責任編集「学問のすすめ」51頁。

15・16 前掲書52頁。

17 前掲書56頁。

18 前掲書52頁。

19 前掲書62頁。

20 前掲書64頁。

21 前掲書65頁。

15 わが日本、古より今にいたるまで哲学なし 中江兆民

1 飛鳥井雅道訳「一年有半」『日本の名著36 中江兆民』中央公論社、1984年、358頁。

2 前掲書394頁。

3・4 井田進也校注「一年有半」『一年有半・続一年有半』岩波書店、1995年、56頁。

5 飛鳥井雅道訳「一年有半」381頁。

6 前掲書364頁。

7 前掲書365頁。

8 井田進也校注「統一年有半」『一年有半・統一年有半』108-109頁。

9 飛鳥井雅道訳「統一年有半」『日本の名著36 中江兆民』418頁。

10 前掲書419頁。

11 前掲書423頁。

12 前掲書436頁。

13 前田陽一他訳「パンセ」『世界の名著24 パスカル』中央公論社、1966年、204頁。

14 飛鳥井雅道訳「統一年有半」447頁。

15 前掲書448頁。

16・17 三宅雪嶺「妙世界建設」『近代日本思想大系5 三宅雪嶺集』筑摩書房、1975年、187頁。

16 自分のようなものでも、どうかして生きたい 島崎藤村

1 島崎藤村「夜明け前 第一部」『島崎藤村全集 第七巻』新潮社、1950年、24頁。かっこ内は原文。

2 前掲書25頁。

3 前掲書298頁。

4 島崎藤村「夜明け前 第二部」『島崎藤村全集 第八巻』新潮社、1950年、145頁。

5 島崎藤村「夜明け前 第一部」512頁。かっこ内は原文。

6 前掲書541頁。

7　島崎藤村「夜明け前　第二部」436頁。

8　前掲書341頁。

9　前掲書487頁。

10・11　島崎藤村「桜の実の熟する時」『島崎藤村全集　第四巻』新潮社、1949年、363頁。

12・13　島崎藤村「春」『島崎藤村全集　第四巻』104頁。

14　前掲書120頁。

15　前掲書210頁。

16　前掲書236頁。

17　前掲書248頁。

18　島崎藤村「夜明け前　第二部」338頁。

19　島崎藤村「新生」『島崎藤村全集　第六巻』新潮社、1949年、209-210頁。

20　前掲書210頁。

21　島崎藤村「春を待ちつつ」『島崎藤村全集　第十五巻』新潮社、1950年、126-127頁。

17　自分を熱愛し、自分を大切にせよ　志賀直哉

1・2・3　志賀直哉「創作余談」『志賀直哉全集　第9巻』改造社、1938年、514頁。

4　志賀直哉「稲村雑談」『志賀直哉選集　第8巻』改造社、1951年、410頁。

5　志賀直哉「大津順吉」『志賀直哉全集　第2巻』改造社、1938年、387頁。

6　里見弴『君と私――志賀直哉をめぐる作品集』中央公論新社、2023年、71頁。

7　志賀直哉「内村鑑三先生の憶ひ出」『志賀直哉選集　第8巻』306頁。

8　前掲書301頁。

9　鈴木範久訳『代表的日本人』岩波書店、1997年、184頁。

10　志賀直哉「続創作余談」『志賀直哉全集　第9巻』539頁。

11　志賀直哉「暗夜行路　後編」『志賀直哉全集　第8巻』改造社、1937年、444頁。

12　前掲書368-369頁。

13　前掲書388頁。

14・15　志賀直哉「わが生活信条」『志賀直哉選集　第8巻』145頁。

16　志賀直哉「秋風」『志賀直哉選集　第7巻』改造社、1952年、246頁。

17　志賀直哉「わが生活信条」153頁。

18　志賀直哉「『荊棘の冠』序」『志賀直哉全集　第9巻』53頁。

19　志賀直哉「青臭帖」『志賀直哉全集　第9巻』90頁。

20　志賀直哉「朝の試写会」『志賀直哉選集　第7巻』340頁。

21　前掲書345頁。

22　志賀直哉「太宰治の死」『志賀直哉選集　第8巻』245頁。

23　志賀直哉「閑人妄語」『志賀直哉選集　第8巻』167頁。

18　魂になってもなお生涯の地に留まる　柳田国男

1　徳永進『死の中の笑み』ゆみる書房、1982年、85頁。

2　前掲書94頁。

3　柳田国男「先祖の話」『柳田國男全集15』筑摩書房、1998年、104頁。

4　前掲書108頁。

5　前掲書134頁。

6　前掲書96頁。

7　前掲書45頁。

8　前掲書52頁。

9　前掲書130頁。

10　前掲書79、90頁。

11　前掲書114頁。

12　永井壮吉『腕くらべ』「荷風全集　第九巻」中央公論社、1949年、79頁。

13　柳田国男「先祖の話」57-58頁。

14　前掲書122頁。

15・16　柳田国男「魂の行くへ」『現代日本文学大系20　柳田國男集』筑摩書房、1982年、393頁。

17　柳田国男「先祖の話」138頁。

18　前掲書113頁。

19　西岸良平『夕焼けの詩6』小学館、1978年、229頁。

20　前掲書236頁。

21　前掲書240頁。

19　人間とは「世の中」であるとともにその世の中における「人」である　和辻哲郎

1　辻瑆他訳「城」『カフカ全集Ⅰ』新潮社、1953年、3頁。

2　吉田仙太郎編訳『夢・アフォリズム・詩』平凡社、1996年、154頁。

3　和辻哲郎「倫理学 上」『和辻哲郎全集　第十巻』岩波書店、1962年、16頁。

4　前掲書17頁。

5　和辻哲郎「人間の学としての倫理学」『和辻哲郎全集　第九巻』岩波書店、1962年、33頁。

6・7　前掲書139頁。

8　前掲書144頁。

9　和辻哲郎「倫理学 上」12頁。

20　物的世界像から事的世界観へ　廣松渉

1　廣松渉『世界の共同主観的存在構造』勁草書房、1972年、108頁。かっこ内は引用者注。

2　廣松渉『事的世界観への前哨──物象化論の認識論的＝存在論的位相』勁草書房、1975年、ⅰ頁。

3　廣松渉『物象化論の構図』岩波書店、1983年、273頁。

4　廣松渉『事的世界観への前哨』137頁。

5・6　廣松渉『世界の共同主観的存在構造』108頁。

7・8　廣松渉『存在と意味──事的世界観の定礎　第1巻』岩波書店、1982年、544頁。

9　廣松渉『世界の共同主観的存在構造』24頁。

10　前掲書45頁。

11　廣松渉『事的世界観への前哨』315頁。

12　前掲書316頁。

13　廣松渉『存在と意味』500頁。

14　廣松渉『事的世界観への前哨』295頁。

おわりに

1　高橋健二訳「白い雲」『ヘッセ詩集』新潮社、2014年、56頁。

2　前掲書57頁。

小寺　聡　こてら さとし

滋賀県彦根市出身。
東京大学文学部倫理学科卒、同大学院修士課程修了。
東京都立高等学校で倫理を教えながら、哲学や倫理思想を日常の生活の場に生かす道を模索する。山川
出版社の教科書『現代の倫理』、『倫理用語集』、『もういちど読む山川倫理』、『もういちど読む山川哲学』
『もういちど読む山川倫理 PLUS　人生の風景編』などを執筆・編集。

写真所蔵・提供者一覧

第Ⅰ部扉上　ColBase（https://colbase.nich.go.jp/）

第Ⅰ部扉下　東京国立近代美術館 photo：MOMAT/DNP artcom

第Ⅱ部扉上　ColBase（https://colbase.nich.go.jp/）

第Ⅱ部扉下　神奈川県立歴史博物館

第Ⅲ部扉上　東京都

第Ⅲ部扉下　ピクスタ

カバー・扉　東京国立近代美術館 photo：MOMAT/DNP artcom

もういちど読む山川倫理 PLUS 日本の思想編

2024年12月10日　1 版 1 刷　印刷
2024年12月20日　1 版 1 刷　発行

著　者　　小寺 聡

発行者　　野澤武史

発行所　　株式会社 山川出版社
　　　　　〒101-0047　東京都千代田区内神田1-13-13
　　　　　電話　03（3293）8131（営業）　8135（編集）
　　　　　https://www.yamakawa.co.jp/

印刷所　　株式会社 太平印刷社

製本所　　株式会社 ブロケード

装　幀　　児崎雅淑（LiGHTHOUSE）

組　版　　有限会社 ブルーインク

本文デザイン　中村竜太郎

ISBN 978-4-634-59145-5

造本には十分注意しておりますが、万一、落丁・乱丁などがございましたら、
小社営業部宛にお送り下さい。送料小社負担にてお取り替えいたします。
定価はカバーに表示してあります。